Günter Schirrmacher

# Hallig Hooge

## Die Königin der Halligen



Breklumer Verlag

Bildnachweis: Umschlag, Seiten 23, 69 oben und 163 unten: Bernhard Speck, Breklum; Seiten 11, 19 oben, 58, 59, 65 unten, 63, 95 unten, 111, 119 und 163 oben: Walter Fiedler, Bredstedt; Seite 145: Archiv, Verein Jordsand; alle übrigen Bilder vom Verfasser.

5. überarbeitete Auflage 1983

Gesamtherstellung Breklumer Druckerei Manfred Siegel
Printed in Germany
ISBN 3-7793-1112-7

# Vorwort zur ersten Auflage

Dieses kleine Buch will eine Einführung in das Halligleben sein. Es ist für den Badegast bestimmt, der auf der Hallig einen längeren Aufenthalt verbringt, und auch für den eiligen Tagesgast, der nur für wenige Stunden auf die Hallig kommt, aber doch gerne über das Halligleben informiert wäre. Das Buch will Antwort auf ihre Fragen sein. Aus vielen Gesprächen mit Badegästen kenne ich den Katalog ihrer Fragen und meine, sie hier weitestgehend beantwortet zu haben.

Das Buch soll dem Badegast helfen, die Hallig mit vertrauteren Augen zu sehen. Es möchte hinweisen auf die Vergangenheit der Hallig und nicht minder auf ihre Gegenwart, die in mannigfacher Weise problematisch ist.

Das Buch ist am Ende eines elfjährigen Aufenthalts auf der Hallig Hooge entstanden. 11 Jahre, von 1961 bis 1972 war ich in der einklassigen Halligschule als Lehrer tätig. In meinen letzten beiden Hooger Jahren war ich dazu noch Bürgermeister der Gemeinde Hooge. Diese doppelte Tätigkeit und dazu das Leben auf der Hallig haben bewirkt, daß mir die Hallig sehr ans Herz gewachsen ist. Sie ist mir und meiner Familie Heimat geworden, mit der wir in vielfacher Weise verbunden bleiben.

Hallig Hooge, den 4. März 1972 Günter Schirrmacher

# Vorwort zur fünften Auflage

Elf Jahre sind seit dem ersten Erscheinen dieses Buches vergangen. Während dieser Zeit hat sich das Halligleben grundlegend verändert. Von heute aus gesehen war die Zeit, die ich auf der Hallig verbrachte, eine wirkliche Umbruchszeit: Nicht nur das äußere Bild der Warften veränderte sich durch die notwendigen Neubauten, sondern es traten auch strukturelle Änderungen ein, die auf den ersten Blick nicht sogleich zu erkennen sind. Als ich nach Hooge kam, war das Leben dort wesentlich von der Landwirtschaft bestimmt. Heute ist der Fremdenverkehr der entscheidende Faktor. Meine Familie und ich sind dankbar, daß wir die Hallig mit ihren Bewohnern noch so kennenlernen konnten, wie sie früher lange Jahrhunderte war. Die Umbruchszeit, die recht eigentlich mit der Sturmflut von 1962 begann, haben wir bewußt miterlebt.

Die eingetretene Entwicklung machte eine Neubearbeitung des Buches notwendig. Es behält das im Vorwort zur ersten Auflage umschriebene Ziel weiterhin im Auge: Es will eine Art Heimatkunde für den Halligbesucher sein.

Für viele hilfreiche Hinweise danke ich an dieser Stelle Herrn Gustav Hieck, dem Fremdenverkehrsbeauftragten der Gemeinde Hallig Hooge.

Schobüll, im April 1983 Günter Schirrmacher

# Inhaltsverzeichnis

# Hallig Hooge, die »Königin der Halligen«

Vor der Küste Nordfrieslands liegen die Nordfriesischen Inseln. Unter ihnen nehmen die zehn Halligen Hooge, Langeneß, Oland, Gröde, Nordstrandischmoor, Süderoog, Südfall, Norderoog, Habel und die Hamburger Hallig eine Sonderstellung ein. Denn wie das der Küste vorgelagerte Watt sind auch sie amphibischer Natur. Die Halligen sind Land *im* Meer und *durch* das Meer. Die Nordsee hat sie im Verlaufe langer Jahrhunderte geschaffen, und auch heute noch können sie ihre Herkunft aus der See nicht verleugnen. Denn im Unterschied zu den durch Deiche geschützten Inseln sind die Halligen noch immer den Sturmfluten preisgegeben. Bei höheren Wasserständen werden sie von der salzigen Nordsee überflutet. — Es gab früher noch viel mehr Halligen, mindestens 50! Sie sind im Verlaufe der Jahrhunderte hinter den Festlandsdeichen verschwunden und zu Marschland geworden. Wenn man in Ockholm, auf dem Weg von Husum nach Schlüttsiel, heute z.B. noch Häuser auf Warften findet, so ist dies ein Hinweis auf die ursprüngliche Natur dieses Gebietes: Ockholm war früher einmal eine Hallig. Die Hamburger Hallig, die durch einen Damm mit dem Festland verbunden ist, aber außerhalb des Festlanddeiches liegt, steckt ebenfalls im Wandlungsprozeß von der Hallig zum Festland: Rechts und links des Dammes zu dieser Hallig spült die Nordsee Schlickschicht auf Schlickschicht, das Watt wächst deshalb in die Höhe, und eines Tages kann diese Hallig ein Bestandteil des Festlandes sein.

Die Hallig Hooge nimmt unter den Halligen eine gewisse Sonderstellung ein. Wenn im Radio gemeldet wird: »Die Halligen Nordfrieslands meldeten heute wieder ›Landunter‹«, so trifft diese Meldung oft für Hooge nicht zu. Denn die Hallig Hooge ist von einem niedrigen Sommerdeich umgeben, der die Hallig gegen Sturmfluten mittleren Ausmaßes schützt, d.h. Hooge wird nicht wie die anderen Halligen bei jedem höheren Wasserstand überflutet. Trotzdem ist Hooge keine Insel, sie bleibt eine Hallig, zu deren Eigenart Überflutungen des Landes gehören: Sturmfluten, die das Mittlere Tidehochwasser um 1,50 m übersteigen, überschwemmen auch die Hallig Hooge.

Eine »Hallig« ist somit eine flache gegen die Flut nicht geschützte Insel. Der Name »Hallig« ist in der hochdeutschen Sprache seit 1758 schriftlich belegt. Er hat drei entgegengesetzte etymologische Deutungen gefunden, die im Grunde sich gegenseitig ergänzen. Die eine Deutung führt den Namen »Hallig« auf hal = Salz zurück, wie wir ihn als Bestandteil vieler Ortsnamen finden, die mit der Salzgewinnung im Zusammenhang stehen (Reichenhall, Halle, Hallein). Die Halligen werden vom *Salz*wasser überspült, und in ihrer Nähe wurde im Mittelalter aus dem *salz*durchtränkten Torf *Salz* gewonnen. Die Deutung trifft also einen Teilaspekt der Wirklichkeit. Die zweite Deutung bringt das Wort »Hallig« in Verbindung mit dem aus dem Niederdeutschen stammenden Wort »Holm«. »Holm« bedeutet »kleine Fluß- oder Küsteninsel« oder eine »inselartige Erhebung«. Wieder wird ein Aspekt der Hallig beschrieben. Eine dritte Deutung, anschließend an Wohlenbergs Deutung des Namens Helgoland, bringt das Wort »Hallig« in Beziehung zu dem Wort »halleg«, das im Friesischen auf Föhr und Amrum die Bedeutung »heilig« hat. Der ursprüngliche Sinn des Wortes »heilig« ist »stark, fest«. »Hallig« würde dann so viel bedeuten wie »festes Land«. Festes Land in einer amphibischen Umwelt, die zuweilen Wasser, zuweilen Watt ist — diese Deutung ist nicht ganz ohne Logik.

Der Name »Hooge« hat zwei Deutungen gefunden. Friedrich Müller deutet den Namen als entstanden im Gegensatz zu dem teilweise unter dem Meeresspiegel liegenden Pellworm (»dat leege Pellworm«), von dem Hooge früher nur durch einen Priel getrennt war. Von dem niedriger (leeger) liegenden Pellworm kommend, betrat man die »hooge Hallig«, Hallig Hooge. — Schmidt-Petersen führt den Namen auf »Oog« (=Insel) zurück, wie er sich in den Hallignamen Norderoog und Süderoog und auch in den Namen einiger Inseln Ostfrieslands (Spiekeroog, Wangeroog) wiederfindet. — Daß die Hallig Hooge die »Königin unter den Halligen« genannt wird, hängt vermutlich mit dem auf der Hallig befindlichen »Königspesel« und dem Besuch des dänischen Königs Friedrich VI. zusammen.

## Wie die Hallig entstanden ist

Unter dem Gesichtswinkel der Erdgeschichte betrachtet, ist die Hallig Hooge, so wie sie sich heute den Blicken darbietet, jung an Jahren. Sie ist wenig über 1000 Jahre alt. Mit den anderen Halligen

Sylt
Nordfries-
land
Föhr
Amrum
Kniep-
sand
Oland
Langeness
Schlüttsiel
Gröde
Habel
Bredstedt
Hooge
Jap-
sand
Nord-
strandischmoor
Hamburger-
Hallig
Norder-
oog
Pellworm
Norder-
oogsand
Nord-
strand
Rungholt
Husum
Süder-
oogsand
Süderoog
Südfall
Eider
Eiderstedt
St. Peter-Ording
1
Küstenverlauf um 1634
(Insel Strand)
2
Sandbänke

stellt sie keineswegs die Überreste des ehemaligen Nordfrieslands dar. Vielmehr handelt es sich bei den Halligen um Neubildungen nach den großen Landverlusten Nordfrieslands nach Christi Geburt. Auf den Überresten des alten Nordfrieslands bildeten sich die Halligen und wuchsen im Verlaufe der Jahrhunderte zu ihrer heutigen Gestalt heran.

Will man diesen erdgeschichtlichen Vorgang verstehen, so muß man etwas weiter ausgreifen: Nach dem Ende der Eiszeit stieg infolge des schmelzenden Eises langsam, aber stetig, der Wasserspiegel der Weltmeere um eine Höhe von über 30 Metern an. Das heutige Nordseegebiet, das bis dahin Land war, wurde allmählich zum Randmeer des Atlantiks. Die Rheinmündung wurde von der Doggerbank zurückverlagert, und die Eider, bis dahin ein Nebenfluß des Rheins, wurde zum selbständigen Fluß. Die See drang bis an die hügelige Geestlinie zwischen Leck, Niebüll, Bredstedt und Husum vor. Die Geestblöcke Sylt, Amrum und Föhr sowie St. Peter ragten aus dieser See als Inseln heraus. Im Wechsel der Gezeiten lagerte sich im Gebiet Nordfrieslands Schlick ab. Die sogenannte »alte Marsch« entstand. Sie ist, wie Bohrungen anläßlich der Bodenergründung für den Schulneubau ergaben, unter der Hallig Hooge in einer dicken Schicht zu finden.

Um 2000 v. Chr. klang die Steigung des Meeresspiegels allmählich aus. In dieser Zeit entstanden auf der Linie Sylt — Amrum — St. Peter höher aufgelandete Küstenabschnitte. Man kann heute nicht mehr feststellen, ob es sich hier um Strandwälle aus Dünensand oder um erhöhtes Marschland gehandelt hat. Jedenfalls bot dieser Wall dem dahinterliegenden flachen Land einen recht guten Schutz. Zwischen dem hügeligen Geestsaum und dem Küstensaum, d. h. im Gebiet der heutigen Nordfriesischen Inseln und Halligen, der »Uthlande«, wuchsen nun große Schilfsümpfe heran, und es

---

Im Sommer, aber auch im Winter kommen viele Besucher auf die Hallig, um in wenigen Stunden oder während eines längeren Aufenthaltes das Leben auf einem kleinen Eiland mitten im Meer kennenzulernen. —
Zu Anfang unseres Jahrhunderts wurde die Hallig Hooge mit einer Steinkante eingefaßt. Von da an konnte die Hallig nach außen hin nicht mehr kleiner werden. Die Steinkante verhindert Landabbrüche.

AMRUM

entstand allmählich eine Moorlandschaft mit großen Buchenwäldern und schließlich sogar mit Hochmooren. Das vom Geestrücken Schleswig-Holsteins herabkommende Süßwasser staute sich nämlich in dem flachen Uthlandegebiet und schuf gute Vorbedingungen für die Entstehung von Sümpfen. Im Laufe der Zeit bildeten sich dikke Torfschichten. Um Christi Geburt wurde dieses Land von der Geest aus besiedelt. Die Friesen drangen Zug um Zug in das Gebiet der Uthlande vor und hinterließen hier ihre Kulturspuren: Deiche, Schleusen, Gräben, Friedhöfe, Pflugspuren, Geräte, Brunnen, Warften, Kirchen. Die Friesen nahmen das Land in Besitz, indem sie es entwässerten. Die dicken Torfschichten wurden von ihnen abgebaut, und die darunterliegende »alte Marsch« als Kulturland in Besitz, d. h. unter den Pflug genommen. Unbeabsichtigt trugen die Kolonisten mit dem Abbau der Torfschicht zum späteren Verlust ihrer Heimat bei, die dadurch in eine niedrigere Lage zum Meeresspiegel geriet. Fast gleichzeitig mit der Besiedlung des Uthlandegebietes begann nämlich wieder das Vordringen des Meeres. Die 2000jährige Pause des Stillstands war vorüber: In Verbindung mit dem Abbau der Torfschichten wirkten eine echte Landsenkung und eine relative Landsenkung miteinander zusammen. Die relative Landsenkung entstand infolge des weiteren Anstiegs des Meereswasserspiegels und vermutlich auch infolge des Aufstaus des Flutwassers an den inzwischen an der Küste gebauten Deichen. Die echte Landsenkung war vermutlich eine Folge der Ausgleichsbewegungen der Erdkruste, die nun, nachdem sie von dem Druck der gewaltigen Eismassen befreit war, sich gleichsam »Luft verschaffte«. In der Sturmflut des Jahres 1362 wurde der Schutzwall am Küstensaum auf der Linie St. Peter — Sylt von den angreifenden Wellen zerstört. Die Nordsee, die allerdings auch schon vorher in Gestalt von Strömen und Flüssen in das Gebiet der Uthlande hineingegriffen hatte, brach nun mit

---

Im Watt um die Hallig findet man Spuren früherer Besiedlung: In der Nähe der Hallig Hooge entdeckte man 1966 Reste eines ehemaligen Friedhofs, der vor Jahrhunderten vom Meer zugedeckt worden war. —
Der Untergrund der Hallig ist torfig. Spuren des ehemaligen Torfabbaus findet man im Watt rings um die Hallig.

Gewalt ein und zerstörte die Dämme und Deiche an den Wasserläufen. Nun konnte der Baumeister der drei Friesenkirchen in Keitum/Sylt, Nieblum/Föhr und Pellworm, die auf einer schnurgeraden Linie liegen, nicht mehr zu Pferde von einer Kirche zur anderen reiten. Das zwischen diesen Kirchen gelegene flache Uthlandegebiet wurde in einer einzigen großen Katastrophe zerstört. Auch die Stadt Rungholt erlag der Gewalt dieser ersten »Manndränke« im Jahre 1362.

Nun schoben sich breite Meeresarme in das flache Land hinein und breiteten sich aus. In groben Umrissen nahm das Gebiet der Nordfriesischen Inseln und Halligen seine heutige Gestalt an.

Doch: »De blanke Hans — he nimmt, he givt«! Auf dem geraubten Kulturland und auf den noch bestehenden Torfschichten wurde Schlick abgelagert. Eine Sedimentationsschicht legte sich über die andere, Schicht für Schicht wuchs an einigen Stellen das Land in die Höhe, während an anderen Orten die Nordsee Land wegriß. Dieses neue Land wuchs über dem alten Kulturland auf und deckte dieses zu. Ehemalige Deiche, Schleusen, Brunnen, Warftplätze, Geräte wurden vom Schlick überdeckt. Man kann diese Spuren heute noch im Watt wiederfinden. Denn das Watt unterliegt täglichen Veränderungen. Und vor allem nach einer Sturmflut ist es kaum wiederzuerkennen. Der Schlick wird ständig verlagert, wird hin- und hergetrieben. Mitunter wird aufgedeckt, was Hunderte von Jahren verborgen war: So kommen im Norden der Hooger Schleuse alte Torfschichten zum Vorschein. Sie sind auch unter der heutigen Hallig vorhanden und machten sich unangenehm beim Bau der neuen Häuser nach 1962 bemerkbar. Starke Sackungserscheinungen traten auf. In einem neuen Gebäude der Ockenswarft zeigten sich handbreite Risse. Für den Schulneubau wurde eine teure Pfahlgründung notwendig, damit zukünftige eventuelle Sackungserscheinungen vermieden würden. Eine vorangegangene Bohrung hatte nämlich gezeigt, daß unterhalb der Schulwarft dicke Torfschichten liegen. Ferner findet man östlich der Hallig Hooge im Watt die Reste eines alten Deiches, im Süden findet man einen ehemaligen Friedhof. Und im Südwesten erkannte man Pflugspuren im Watt. Auch auf der der Hallig vorgelagerten Sandbank Japsand kommen alte Torfschichten zum Vorschein.

Die Hallig Hooge liegt wie die anderen Halligen ein erhebliches Stück über diesen alten Kulturspuren, d. h. sie ist im Verlaufe der Jahrhunderte in die Höhe gewachsen, Schlickschicht über Schlickschicht. Die einzelnen Schichten wurden von der Halligflora durchwurzelt und festgehalten. Wenn man an dem Priel in der Nähe der Hooger Kirche die Kanten genau prüft, dann wird man feststellen, wie sichtbar eine Schicht über der anderen die Hallig erhöht hat.

Sehr deutlich läßt sich dies auch noch an drei Kögen der Hallig Hooge erkennen, die sich bei der Hanswarft, der Ockenswarft und der Backenswarft befinden. Sie sind heute kaum noch zu erkennen, waren aber ursprünglich Felder, die von einem Deich umgeben waren. Wie Grabungen ergeben haben, waren diese Erdwälle ursprünglich zwei Meter hoch. Heute beträgt die Höhe dieser »Deiche« wenig mehr als 20 cm. Die häufigen Überflutungen des Halliggebietes, insbesondere in der Zeit vor der Eindeichung, haben allmählich dazu geführt, daß die Köge zugewachsen, d.h. zugeschlickt sind. Der Zweck dieser in unmittelbarer Warftnähe gelegenen Köge war vermutlich, die Heuernte zu sichern. Es kam vor der Eindeichung der Hallig sehr oft vor, daß schon bei Springfluten die Hallig ein Landunter zu verzeichnen hatte. Im Sommer war dies wegen der Heuernte sehr mißlich. Man half sich, indem man bei den Warften einen Koog einrichtete, in den man das geerntete Heu zum Trocknen brachte. Springfluten und leichte Sturmfluten konnten dem Heu so nichts anhaben. Es könnten zum anderen diese Köge aber auch zum Anbau von Brotgetreide gedient haben.

Auch heute noch wächst die Hallig in die Höhe: Nach jeder Sturmflut findet sich eine dicke Schlick- und Muschelschicht auf den Fennen. Sie war 1962 nach der Sturmflutkatastrophe z. B. stellenweise bis zu 20 cm dick. — Auch am Deich kann der aufmerksame Beobachter das Anwachsen der Hallig erkennen. Die Steinkante des Deiches bildete ursprünglich mit dem dahinterliegenden Fuß des Sommerdeiches eine Ebene. Der Fuß des Deiches ist aber stellenweise schon bis zu 20 cm über die Steinkante hinausgewachsen. Der Strandwanderer kann hier einen kleinen Einblick in die Entwicklungsgeschichte der Hallig gewinnen.

## Ebbe und Flut

Der Feriengast auf der Hallig Hooge findet nicht jeden Tag die Nordsee am Halligdeich, um in ihr baden zu können. Zeiten klaren

Nordseewassers wechseln ab mit Zeiten feuchten Watts, die zu einem kleinen Spaziergang im Schlick verlocken. Der Wechsel erfolgt von Tag zu Tag etwa eine Stunde später. Er wird verursacht von dem Begleiter der Erde auf ihrer Reise durch das Weltall, dem Mond.

Der Mond bewirkt das regelmäßige Schwanken des Nordseewasserspiegels, der sich wie die Brust des atmenden Menschen hebt und senkt. Das Fallen des Wassers wird *Ebbe* genannt, das Steigen nennt man Flut. Ebbe und Flut zusammen bilden die *Gezeiten* (niederdeutsch *Tiden*). Die Differenz zwischen dem höchsten und dem niedrigsten Wasserstand nennt man *Tidenhub*. Bei der Hallig Hooge beträgt der Tidenhub etwa drei Meter. An der englischen und französischen Kanalküste macht er dagegen stellenweise über zehn Meter aus, so daß man darangehen konnte, die im Tidenhub vorhandenen Kräfte umzusetzen in Energieformen, die für den Menschen nützlich werden können: Man baut Flutkraftwerke und läßt sie elektrischen Strom erzeugen.

Die Nordsee ist eine Randsee des Atlantischen Ozeans. Sie hat zu dem Atlantik einen verhältnismäßig offenen Zugang: im Süden den Ärmelkanal und im Norden die 500 km breite Öffnung zwischen Schottland und Norwegen. Erst diese Öffnungen bewirken, daß die Nordsee überhaupt Ebbe und Flut hat. Die Ostsee, die nur durch die schmalen Meerengen des großen und kleinen Belts und durch den Sund mit dem Weltmeer verbunden ist, kennt praktisch keine Tiden, d. h. Ebbe und Flut sind in ihr so gering, daß der Strandwanderer sie nicht wahrnimmt.

Als Ursache der Gezeiten wurde oben der Mond genannt. In noch allgemeinerer Form müßte man sagen, daß es die gegenseitige Anziehung der Körper im Weltall ist. Wir kennen alle den Magneten, der Eisen anzieht. Auch die Erde ist ein großer Magnet. Sie zieht jedes Ding an sich heran, sei es ein fallendes Blatt oder ein Klumpen Blei. Auch bewirkt sie, daß unsere Gegenfüßler auf der anderen Seite des Erdballes nicht von seiner Oberfläche herabfallen. Wie unsere Erde im kleinen, so übt im großen Weltall jeder Körper auf einen anderen eine Anziehungskraft aus: Die Sonne wirkt auf die Erde ein und die Erde auf die Sonne, der Mond wirkt mit seiner Anziehungskraft auf die Erde ein und die Erde auf den Mond. Die Anziehungskraft der Erde auf den Mond ist dabei gerade so groß, daß sie bewirkt, daß der Mond der Erde nicht infolge der ihm innewohnenden Fliehkraft davonfliegt, sondern auf eine Kreisbahn um die Erde ge-

Auf der Erde verursachen die Anziehungskraft der Sonne und die des Mondes Ebbe und Flut. Die Anziehungskraft des Mondes wirkt dabei doppelt so stark wie die der Sonne, da er der Erde sehr viel näher steht. Auf der Erdhälfte, die dem Mond zugewandt ist, entsteht ein »Wasserberg« (Flut). Das Wasser in der Nähe des Flutberges wird abgezogen (Ebbe). Das gleiche geschieht auf der dem Mond abgewandten Seite infolge der Fliehkraft.

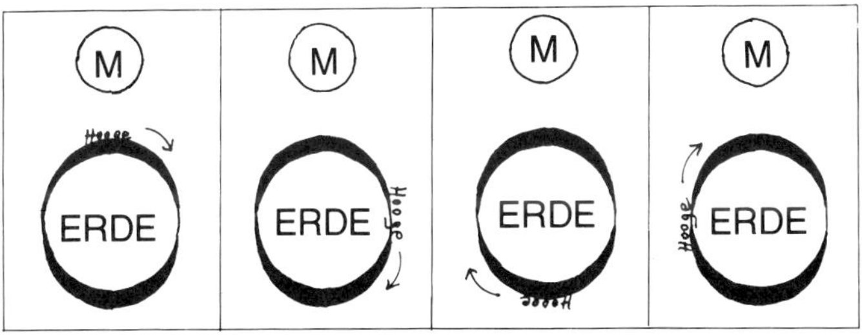


Die Flutberge (Zenithflut auf der dem Mond zugekehrten Seiten), Nadirflut auf der ihm abgewandten) »stehen«: Die Erde dreht sich unter ihnen weg, hinein in das Ebbegebiet.

**FLUTKALENDER**

| | Erste Flut | Erste Ebbe | Zweite Flut | Zweite Ebbe |
|---|---|---|---|---|
| 1. Tag | 0.00 Uhr | 6 Uhr 12 1/2 Min. | 12.25 Uhr. | 18 Uhr 37 1/2 Min. |
| 2. Tag | 0.50 Uhr | 7 Uhr 2 1/2 Min. | 13.15 Uhr | 19 Uhr 27 1/2 Min. |
| 3. Tag | 1.40 Uhr | usw. immer 6 Stunden und 12 1/2 Minuten später | | |

Die Höhe des Flutberges vergrößert sich und der Ebbestand erniedrigt sich bei Neumond und bei Vollmond, wenn Sonne und Mond zusammen, d.h. in gleicher Richtung, auf die Wasser der Erde einwirken (Springflut bzw. Hohlebbe).

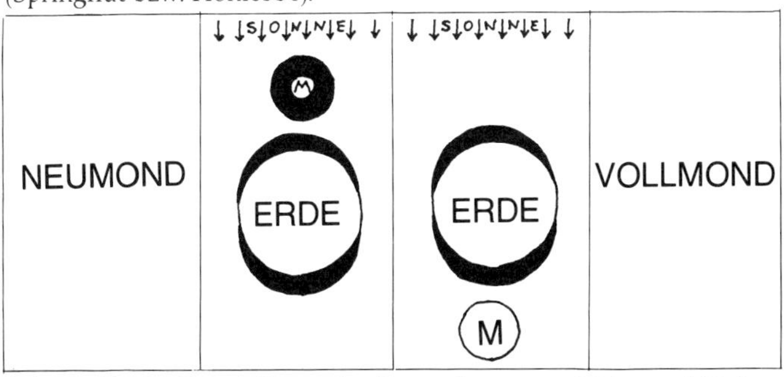


**Schematische Darstellung des Entstehens von Ebbe und Flut**

zwungen wird. Bei ihrem Lauf durch das Weltall dreht sich die Erde täglich einmal um sich selbst, und hierdurch wird bewirkt, daß wir Tag und Nacht haben. Eine weitere Bewegung der Erde ist ihr Jahreslauf um die Sonne, der unsere Jahreszeiten verursacht. Diese doppelte Bewegung der Erde wird begleitet von der Bewegung des Mondes um die Erde im Verlaufe von 28 Tagen. Während seiner Reise um die Erde übt der Mond auf die Erde seine Anziehungskraft aus, doch reichen seine Kräfte nicht so weit, daß er die feste Erde an sich heranziehen könnte. Zwei Drittel der Erdoberfläche sind jedoch plastisch, d. h. verformbar, nämlich Wasser. Auf dieses Wasser wirkt die Kraft des Mondes. Das Wasser drängt zum Mond hin und bildet einen großen Wasserberg auf der ihm zugekehrten Seite. Auf der entgegengesetzten Seite der Erde entsteht durch die Fliehkraft der sich drehenden Erde ein gleicher Wasserberg. Das bedeutet, daß die dem Mond zugewandte Seite und die ihm abgewandte Seite zur gleichen Zeit Flut haben. Dabei nennt man den Flutberg, der dem Mond zugewandt ist, Zenithflut, den ihm abgekehrten Flutberg, nennt man dagegen Nadirflut.

Die Anziehungskraft des Mondes auf das Wasser läßt nicht nach, wenn die Erde sich unter ihm hinwegdreht. So kommt es, daß der Wasserberg erhalten bleibt, während z. B. die im Bereiche dieses Wasserberges befindliche Hallig Hooge aus dem Flutbereich wegwandert. Sie gelangt wegen der Erddrehung allmählich, d. h. im Verlaufe eines Vierteltages, in den Bereich, in welchem sich die Anziehungskraft des Mondes nicht auswirkt. Sie bekommt infolgedessen allmählich Ebbe. Nach einem weiteren Vierteltag gelangt die Hallig Hooge in den anderen Flutberg, in die Nadirflut hinein. Sie macht auf der dem Mond abgekehrten Seite damit eine zweite Tagesflut durch. Dann gelangt sie wieder in den Bereich der Ebbe, um schließ-

---

Die Westerwarft ist die schönste Warft der Hallig Hooge. Sie liegt direkt an der Halligkante. —
Wenn es lange und heftig aus Südwesten, Westen oder Nordwesten stürmt, kommt es auf der Hallig zu einem »Landunter«, d.h. die Hallig wird von Nordseewasser überschwemmt. Die Hallig Hooge wird durch einen niedrigen Sommerdeich gegen mittelhohe Sturmfluten geschützt. Bei höheren Wasserständen hat aber auch Hooge »Landunter«.

lich wieder Flut zu bekommen und den Mond zu erblicken, wie schon 24 Stunden zuvor.

Wenn nun die Hallig zum zweitenmal in den Flutberg hineingelangt, dann ist der Mond aber inzwischen ein Stückchen weitergewandert; denn er reist ja in 28 Tagen einmal um die Erde. Mit dem Mond hat sich auch der von ihm bewirkte Zenithflutberg ein wenig verschoben. Die Flut setzt also später ein. Um wieviel später? Um 1/28 des Erdentages, denn um diesen Bruchteil des Erdentages ist ja der Mond auf seinem Weg um die Erde weitergewandert. Ein Erdentag hat 24 Stunden oder 1440 Minuten. Teilt man 1440 Minuten durch 28, so errechnet man eine Verspätung von 50 Minuten. Das heißt, daß die zweite Zenithflut 24 Stunden und 50 Minuten nach der vorangegangenen eintritt. Von Flutberg zu Flutberg überhaupt dauert es somit 12 Stunden und 25 Minuten, von einer Flut bis zur nächsten Ebbe also 6 Stunden und 12 1/2 Minuten. Die Zeiten von Flut und Ebbe werden also von Tag zu Tag versetzt. Und so kommt es, daß man auf der Hallig regelmäßig in der einen Woche die Flut am Vormittag und die Ebbe am Nachmittag und eine Woche später die Ebbe am Vormittag und die Flut am Nachmittag erleben kann.

Infolge der Massenanziehung verursacht auch die Sonne, die eine vielfach größere Masse als der Mond besitzt, eine Flutwelle auf der Erde, doch ist diese Flutwelle wegen der großen Entfernung der Sonne zur Erde nur gering. Merkbar wird sie jedoch auch den Halligleuten und dem aufmerksamen Strandwanderer. Im Verlauf des 28 Tage dauernden Mondmonats kommt es nämlich einmal vor, daß der Mond zwischen der Erde und der Sonne steht. Wir haben dann Neumond, d. h. der Mond weist der Erde seine Rückseite zu, die nicht von der Sonne beschienen wird und damit für uns auch nicht sichtbar ist. Zum anderen kommt es vor, daß der Mond der Sonne gegenübersteht. Wir haben dann Vollmond. In diesen beiden Konstellationen wirken die Massenanziehung des Mondes und die der Sonne gemeinsam auf die Wasser der Erde ein. Als Folge erkennen wir besonders hohe Flutberge: Es ist *Springflut*. Zugleich ist die Ebbe infolge der stärker zusammengezogenen Wasser besonders niedrig. Wir haben dann »*Hohle Ebbe*«. In diesen Tagen ist der Tidenhub natürlich besonders groß.

Im Verlaufe des 28tägigen Mondumlaufs um die Erde gibt es auch zwei Phasen, in denen die Anziehungskräfte der Sonne und des

Mondes einander entgegenwirken. Der Tidenhub wird infolgedessen geringer als sonst, und wir haben *Nippflut.*

Ebbe und Flut sind nicht von gleicher Dauer. Dies kann man ablesen am Gezeitenkalender, den das Deutsche Hydrographische Institut in Hamburg für jedes Jahr vorausberechnet. In ihm ist die Vielzahl der auf die Wasserstände einwirkenden Faktoren berücksichtigt, und für jeden Ort der deutschen Westküste sind exakt die Termine von Hoch- und Niedrigwasser berechnet. Natürlich nur für den Normalfall. Abweichungen hiervon durch Sturm, Winddrehung usw. sind die Regel. Für die Fischer und Schiffer ist es sehr nützlich zu wissen, wann Ebbe und wann Flut ist. Denn mit dem Flutstrom in den Hafen zu fahren, spart Zeit und Kraftstoff. Die Geschwindigkeit des Ebb- und Flutstromes beträgt im Watt etwa zwei bis drei Seemeilen in der Stunde. In den Prielen ist die Geschwindigkeit aber zum Teil erheblich höher. Für den Fischer sind die Ebbe- und Fluttermine ferner wichtig, wenn es gilt, sich in dem Gewirr der Priele und Sandbänke des Wattenmeeres zurechtzufinden. Die Wasserhöhe muß genau eingehalten werden. Andernfalls sitzt man auf dem Schlick und muß bis zur nächsten Flut auf Befreiung warten.

Im Gezeitenkalender des Hydrographischen Instituts findet sich auch eine Liste der Werte für Cuxhaven. Die Flut- und Ebbetermine für Hooge kann man nach den Zeiten für Cuxhaven berechnen, indem man 27 Minuten hinzuzählt.

## Sturmfluten

Sturmfluten sind besonders hohe Flutberge. Wenn der Wind in der Deutschen Bucht lange aus Südwesten weht, staut er das Wasser zusammen, oft so stark, daß bei Ebbe kein Watt sichtbar wird. Dreht der Wind dann schnell auf West oder gar auf Nordwest, so treibt er erfahrungsgemäß noch mehr Wasser zusammen. Dieses Wasser staut sich dann an der Barriere der Festlandsdeiche. Den auf die Deiche losstürmenden Wellen wird durch die ihnen vorgelagerten Halligen viel von ihrer Angriffskraft genommen. Und hierin liegt nach allgemeiner Ansicht die ständige Existenzberechtigung der Halligwelt. Die Halligen werden nicht von dem anbrausenden Wasser geschont. Mit Wellenbrechern geht der »Blanke Hans« nicht zimperlich um. Zunächst schließt der Druck des Wassers die Schleusentore der Entwässerungssiele der Hallig. Dann wälzen sich im Westen, Norden und Süden der Hallig die großen Wellen über den Deich und füllen langsam aber stetig das Halliginnere. Die Gräben füllen sich, und die Hallig »läuft blank«. Landunter! Hooge ist bei erhöhten Wasserständen besser dran als die anderen Halligen. Die Hallig hat einen Sommerdeich, der ihr einen Schutz gegen solche Sturmfluten verschafft, die eineinhalb Meter über dem Mittleren Tidehochwasser (MTHW) eintreten. Steigt der Wasserstand aber über diese Höhe, so meldet auch Hooge »Landunter«.

Der Herbst und das Frühjahr sind wegen der dann auftretenden Stürme die Jahreszeiten, in denen man ein »Landunter« erleben kann. Wenn solch ein Landunter nicht übermäßig hoch ist, so bietet es dem Gast der Hallig ein überwältigendes Schauspiel des Zusammenwirkens der Naturgewalten von Wind und See. Für die Halligleute bedeuten die Landunter aber meist Arbeit über Arbeit. Sehr oft ist im Herbst noch das Vieh auf den Fennen. Es muß bei drohender Überflutung unbedingt an die Warften herangeholt und unter Umständen in den Stall getrieben werden. Geräte, die am Fuß der Warften oder auf der Fenne gelagert wurden, müssen schnellstens auf die Warften befördert werden, damit sie nicht von den Wasserfluten überschwemmt bzw. davongetragen werden. Die Seeventile zu den Klärbassins der Halligäuser müssen unbedingt dicht verschlossen werden. Andernfalls dringt das Seewasser auf diesem Umweg in das Haus ein. — Oft kommt so ein Landunter noch dazu in der Nacht. Dann muß das Vieh auf den Fennen mühsam gesucht werden. — Sehr schwierig ist es abzuschätzen, ob es zu einer Über-

---

Selten gelingt es, Fotos von einem Landunter zu machen; denn häufig kommen die Sturmfluten in der Nacht. Im Januar 1976 wurde die Hallig Hooge von einer sehr schweren Sturmflut betroffen. Pastor Bernhard Speck gelang es, diese beiden Fotos zu machen. Das untere Bild zeigt das Kreuz für Heimatlose auf dem Hooger Friedhof. Im Hintergrund sieht man die Ockelützwarft, die zu einer Insel innerhalb der Hallig geworden ist.

flutung kommt oder nicht. Ein Warndienst durch das Hydrographische Institut und durch andere Stellen der Küstenwacht hat sich bisher nicht recht bewährt. Absolut sichere Voraussagen sind nicht möglich. So darf sich der Halligbauer nicht auf den Weckruf der Alarmstellen verlassen. Er muß selbst die Situation am Deich auskundschaften. Während der Sturmnächte werden deswegen wiederholte Gänge zum Deich notwendig, damit man über den Stand des Wassers genau orientiert ist. Trotz aller Wachsamkeit und Erfahrung gibt es oft unangenehme Überraschungen: Bei einem Landunter am 2. Oktober 1970 ertranken auf Hooge zwei Tiere. Bei der Bergung des Viehs gerieten Halligbauern in Gefahr. Sie konnten sich damals nur mit Mühe schwimmend auf die Warften retten, und wenn nicht ein Großteil der auf den Fennen weidenden Kühe von selbst an die Warften geschwommen wäre, so wären die Verluste an Vieh sehr hoch gewesen.

Solche überraschenden Landunter sind die Ursache dafür, daß heute kaum noch Schafe auf den Halligen zu finden sind, die früher zum typischen Landschaftsbild der Hallig gehörten. Die Schafe können mit ihrem dicken Fell kaum schwimmen, und so ertranken sie meist scharenweise in der salzigen See, wenn eine plötzliche Überflutung der Hallig eintrat, mit der niemand gerechnet hatte. — Der Deich, der die Hallig Hooge gegen höhere Fluten schützt, bringt aber auch Nachteile für die Hallig mit sich: Denn bei einem richtigen Landunter steht die Hallig mehrere Tage lang unter Wasser. Zur Freude der Schulkinder! Denn für sie fällt der Unterricht aus. Wenn von Island her unter Umständen noch ein weiteres Sturmtief folgt, so brauchen sie einige Tage kaum Schularbeiten zu machen.

So sehr sich die Halligkinder hierüber freuen, für die Halligbauern und neuerdings auch für die Vermieter, die ihre Saison verlängern wollen, entstehen hierdurch große Nachteile und Schäden. Wiederholt kam es vor, daß Schulklassen und Einzelgäste von ihrem Vorhaben, auf der Hallig ihren Herbst- oder Frühlingsurlaub zu verbringen, Abstand nehmen mußten, weil die Hallig »blank« war. Das Linienschiff konnte zwar gut an der Schiffsbrücke anlegen. Doch konnte den Gästen nicht zugemutet werden, die mit Salzwasser überfluteten Straßen zu den nächsten Warften entlangzuwaten. Der Fremdenverkehr wird durch das lange in der Hallig stehende Wasser beeinträchtigt.

Für die Halligbauern ist der Schaden noch größer: Nach der Eindeichung der Hallig verlor diese immer mehr ihre Salzwasserflora. Es siedelten sich Süßwasserpflanzen wie z. B. der Rotklee und der Weißklee auf der Hallig an, die das Salzwasser kaum vertragen. Steht nun die Hallig tagelang unter Salzwasser, so leiden diese Pflanzen sehr. Sie werden darüber hinaus auch nach der Überflutung noch in Mitleidenschaft gezogen, wenn kein helfender Regen die Salzkristalle wieder von den Gräsern abwäscht und aus dem Boden herausspült. Das Gras auf den Fennen verdorrt nun ebenfalls, und das Vieh muß infolgedessen früher aufgestallt werden. Salziges Gras zu fressen, ist das Vieh aber nicht gewohnt, und es kann dies auch nicht vertragen. Kommt es zu einem Landunter im Frühling, wenn ein erster grüner Schimmer über den Halligfennen liegt, dann wird die kommende Heuernte beeinträchtigt. Dies macht notwendig, daß das Vieh möglichst lange auf den Weiden ausharrt, doch kann dies nicht geschehen, wenn im Herbst ein frühes Landunter kommt. Der Halligbauer hat es nicht leicht!

Ganz schlimm ist es für ihn, wenn eine plötzliche Überflutung im Sommer das gemähte Heu von den Fennen davonträgt. Dann muß der Halligbauer sein Vieh verkaufen. Denn wie soll er ohne Heu seine Tiere durch den Winter bringen?

Die Hallig Hooge ist rund 600 ha groß. Wenn die von den Halligdeichen gebildete Schüssel überschwemmt und gefüllt wird, dann stehen mindestens 10 000 000 Kubikmeter Salzwasser in der Hallig. Diese Salzwassermenge verschwindet nicht sofort mit dem Eintritt der Ebbe, sondern sie muß durch den Engpaß der drei Halligsiele hinaus, die sich im Norden und Osten der Hallig befinden. Sie sind zwar inzwischen erweitert worden, aber gewöhnlich steht das Wasser doch noch 24 Stunden in der Hallig. Danach erst sind die Wege und Straßen wieder passierbar.

Im allgemeinen ist ein Landunter im Herbst, Winter oder Frühling eine gemütliche Sache: Die Warften werden dann innerhalb der Hallig zu kleinen Inseln. Alle Nachbarn sind aufeinander angewiesen, und die nachbarschaftlichen Beziehungen werden gefördert. — Das Haus, das sicheren Schutz bietet, wird zur gemütlichen Burg im allgemeinen Tosen der Elemente. Furcht vor einer Katastrophe braucht man im allgemeinen nicht zu haben.

Doch kann es auch einmal anders kommen: Der Sturm kann besonders stark anschwellen und das Wasser zu besonders hohen Wellen zusammentreiben. Geschieht dies zur Zeit der Ebbe, so will es wenig besagen. Geschieht es jedoch zur Zeit der Flut, so steigt das Wasser über das sonst übliche ungefährliche Maß hinaus. Fallen Flutzeit und die Zeit des größten Windstaus und noch dazu die Zeit der Springtide zusammen, dann kann es zur Katastrophe kommen. Dies war 1962 in großem Maße, doch nicht bis ins letzte hinein, der Fall. So wurde die höchste Windgeschwindigkeit z. B. eine Stunde vor dem Hochwasserstand gemessen, und ebenso trat der größte Windstau geraume Zeit vor dem Hochflutstand auf. Das Wasser stieg also nicht in letzter Konsequenz so hoch, wie es hätte steigen können. Für den Halligbesucher ist vielleicht ein Sturmflutbericht aus dem Jahre 1962 interessant. Ich erlebte die Flutkatastrophe, als ich erst ein halbes Jahr mit meiner Familie auf Hooge war.

## Die Sturmflut vom 16./17. Februar 1962

Ein Bericht aus der Schulchronik von Hallig Hooge

»Am Freitag, dem 16. 2. 1962, sind nicht alle Kinder am Morgen zum Unterricht erschienen; denn über die Hallig tobt ein starker Sturm, der in den Regenböen fast Orkanstärke erreicht. Gegen 9.30 Uhr schicke ich die Kinder, die zur Schule gekommen sind, nach Hause. Sie freuen sich, daß sie schulfrei haben. Um 11 Uhr läuft die Hallig tief voll (ca. 2,20 m über Mittlerem Hochwasser). Zum erstenmal beobachte ich aufmerksam, wie ein Landunter vor sich geht: Zunächst schlägt das Wasser am Norderdeich über die Deichkrone. Allmählich füllen sich die Gräben. Dann kommt das Wasser von Osten herangerauscht. Dort scheint der Deich niedriger zu sein. Der Strom ist so stark, daß Balken und Kanister gegen den harten Wind nach Westen treiben.

Den ganzen Nachmittag hält der starke Sturm aus Südwest, der später auf Nordwest umspringt, an. Bei Niedrigwasser ist die Hallig noch genauso mit Wasser gefüllt wie bei Hochwasser. Ebbe tritt gar nicht ein. Gegen Abend wird der Sturm stärker. In den 19-Uhr-Nachrichten wird eine Sturmflutwarnung des Deutschen Hydrographischen Instituts durchgegeben. Es werden eineinhalb bis zwei Meter über Mittlerem Hochwasser angesagt. Auf Grund dieser

Nachricht fühlen wir uns trotz des orkanartigen Sturms einigermaßen beruhigt.

Gegen 20.30 Uhr wird bei unserem Nachbarn Carl Binge von Helgoland aus angerufen: Dort sei das Wasser so hoch gestiegen wie noch nie seit Menschengedenken. Kurz danach beobachte ich draußen, wie das Wasser bei orkanartigem Sturm aus Nordwest innerhalb der Hallig schon wieder steigt. Hochwasser ist aber erst um Mitternacht, und wir haben dazu fast Vollmond. Also herrscht Springtide. Der Orkan rüttelt am Reethdach der Schule, daß ich befürchte, es möchte ihm womöglich nicht standhalten und davonfliegen. Um 21.45 Uhr ist der Garten vor der Schule schon voller Seewasser. Ziemlich starke Wellen schlagen nun gegen die Warft. Der Gischt wird vom Sturm weit weggeblasen. Bald schlagen die Wellen hart gegen den Gartenzaun. Um unseren Brunnen, der gegen derartige Wellen nicht abgesichert werden kann, gurgelt Seewasser. Wir pumpen in der Küche sämtliche Behälter, die wir besitzen, Badewannen, Kochtöpfe, Milchkannen usw., mit Wasser voll. Trinkwasser wird bald knapp sein. Um 21.45 Uhr wird im Nachrichtendienst des Norddeutschen Rundfunks eine Wasserhöhe von zweieinhalb bis drei Metern über Mittlerem Hochwasser vorausgesagt. Doch bis zur Hochflut sind noch zwei Stunden Zeit.

Inzwischen haben wir den Teppich aufgerollt und Bücher und andere Dinge hochgestellt. Es war auch höchste Zeit, denn das elektrische Licht verlöscht. An der Westseite der Schule lagern zwischen Schule und Toilette in Ölfässern die Vorräte für unsere Ölöfen. Es gelingt mir, ein Faß in den Schulflur zu rollen. Die Wellen schlingen sich schon um die Toilette herum, schlagen an das Schulgebäude und rollen die Fässer hin und her. Weitere Fässer kann ich jedoch nicht ins Haus rollen. Die Wellen ziehen mir heimtückisch den Boden unter den Füßen weg, so daß ich in der Brandung ein gefährliches Bad nehmen muß. Es ist ungefähr 22 Uhr. Als ich nach einem Gang in die Küche wieder zur Schultür im Westen komme, ist die eine Hälfte der Tür verschwunden. Auch die Ölfässer sind nicht mehr da. Ich befürchte nun das Schlimmste, zumal wir die anderen Bewohner der Warft nun auch nicht mehr telefonisch erreichen können. In dem ohrenbetäubenden Lärm, den Orkan und See hervorrufen, verrammle ich die Zwischentür zum Westen mit schweren Planken. Das Wasser dringt nun durch die offene zerschlagene Schultür in den westlichen Teil des Schulgebäudes. Im Süden spült die Flut die gesamte Gartenerde fort. Durch die feste Haustür im Süden, die wir dicht verschlossen haben, dringt in scharfen Strahlen Wasser, wenn die Wellen heranrauschen. Trockene und leere Säkke, die wir innen vor die Tür legen, halten viel Wasser auf. Das übrige Wasser schaufeln wir in Eimer hinein, tragen es zur Küche und gießen es in den Ausguß, wo es aber gar nicht mehr so recht ablaufen will. Vor dem Küchenfenster steigt das Wasser bis zur Fensterhöhe und dringt durch die Fensterritzen. Auch im Süden spritzt das Seewasser gegen die Scheiben, hinter denen sich im Schein des Mondes ein großartiges Bild darbietet: nichts als wütende und schäumende See, fahl vom Mond beleuchtet; Wolkenfetzen, die am Himmel entlangjagen. — Wenn ich in der Bodenkammer im Westen stehe, sehe ich, wie die Toilette der Schule fortwährend unter den Brechern begraben wird. Sie dient der gesamten Westfront als ein vorzüglicher Wellenbrecher. Das Wasser spritzt bei jedem Wellenschlag mit Gewalt an die Fenster der Kammer, der Gischt wird vom Wind bis an das Strohdach geschleudert. Und das Wasser steigt und steigt. Ich bemerke, daß in der Nordwestecke des Hauses ein Loch entstanden ist, durch das Wasser hereinströmt, doch kann ich hiergegen nichts unternehmen. Es ist 23 Uhr. Das Wasser hat seinen Höchststand nach dem Flutkalender eigentlich noch nicht erreicht. Doch wir bemerken, daß es nicht mehr steigt. Wir schöpfen weiterhin eindringendes Wasser in Eimer.

Gegen zwei Uhr kann ich die Haustür wieder öffnen und nach draußen schauen: ein schreckliches Bild! Alles ist verwüstet. Es steht kein Zaun mehr. Mit einem Rundgang um die Warft will ich mich von dem Schicksal der anderen Warftbewohner überzeugen. Den Kaufmann Hermann Petersen treffe ich in seinem verwüsteten Kaufladen. Als ich die Tür öffne, strömt mir ein Wasserschwall entgegen. Im Haus von Magnus und Ella Diedrichsen treffe ich beide wohlbehalten an. Das Wasser ist hier bis ins Haus gedrungen. Bei Carl Binge ist der Stall im Osten der Warft gänzlich zerstört. Es stehen hier lediglich noch die Ständer. Im Wohnhaus steht das Wasser jetzt noch so hoch, daß ich mit den Gummistiefeln gerade eben hindurchwaten kann. In der südlichen Wand der Wohnstube klafft ein Loch. Innen im Haus ein gespenstisches Bild: hochgestellte Bücher, auf dem Wasser treibende Gegenstände. Wenn ich einzelne Türen öffne, strömt Wasser heraus. Auf mein Rufen antwortet niemand. Ich gehe zu Familie Dell Missier. Auf dem Weg dorthin sind die Verwüstungen besonders augenfällig. Der Schuppen von Carl Binge ist völlig zertrümmert. Er hat in der harten See gestanden. Der große Heudiemen ist von der See um rund eineinhalb Meter in Richtung auf das Stallgebäude versetzt worden. Er hat einen Großteil der Wut der See aufgefangen, und so blieb der Stall unbeschädigt. Das Vieh, das wohl bis zum Hals im Wasser gestanden hat, ist bewundernswert ruhig geblieben. — Vor dem Eingang zum Hause Dell Missier, dem höchsten Haus der Warft, türmen sich die von der See durcheinandergewürfelten Treppenstufen. Die großen schweren Betonplatten, die zu den Treppen hinführten, liegen meterweit von ihrem Lagerplatz entfernt. Bei Dell Missiers sind alle wohlauf. Es war kaum Wasser im Haus. Lediglich der Keller ist vollgelaufen. — Es wird mir gesagt, daß die Familie Binge auf dem Stallboden sei. Ich finde dann dort auch wohlbehalten Herrn und Frau Binge mit ihrer Schwiegertochter. Der Sturm hat in dieser Zeit kaum abgenommen. Es braust weiterhin aus Nordwest. Wir gehen zu Bett, doch ist an Schlaf kaum zu denken: Der Sturm rüttelt zu sehr am Dach.

Am nächsten Morgen erfahren wir von der ganzen Katastrophe in Hamburg aus dem Radio. Doch ist nicht lange Zeit, darüber nachzusinnen. Wir befürchten für Mittag eine neue Sturmflut. Diese Meinung erweist sich aber später als irrig. Außerdem bedrängt uns die Ungewißheit über das Schicksal der Bewohner der anderen Warften, zu denen wir keine Verbindung haben; denn die Hallig steht noch immer tief voll Wasser, und die Telefone funktionieren nicht richtig. Mit dem »Kieker« schauen wir zu den benachbarten Warften hinüber.

In den Ställen brüllt währenddessen das Vieh, und der Fething ist randvoll mit Salzwasser gefüllt. Durch das nur brackig gewordene Trinkwasser im Wasserbassin im Hause Dell Missier gelingt es uns, das Vieh auf der Warft in den nächsten Tagen mit Wasser zu versorgen.

Am Sonntag, dem 18. Februar, steht in der Hallig noch immer Seewasser. Es erscheinen auf den einzelnen Warften die ersten Hubschrauber. Sie bringen Brot und Trinkwasser und bedeuten darüber hinaus sehr viel mehr. Sie sind für uns ein Zeichen dafür, daß wir nicht vergessen worden sind.

In den nächsten Tagen wartet viel Arbeit auf uns. Die Häuser müssen von Schlamm und Schlick gereinigt werden, und vor allem müssen die Fethinge und Brunnen von dem Salzwasser leergepumpt werden, damit das Regenwasser wieder aufgefangen werden kann und damit die Wasserschuten, die in den nächsten Tagen von Husum her eintreffen werden, auch geleert werden können. — Am Sonntag stellt sich heraus, daß alle Bewohner der Hallig die Flut überlebt haben. Lediglich zwei Stück Jungvieh sind ertrunken. Das will aber nicht bedeuten, daß keine Menschenleben in Gefahr waren. Mehrere zerstörte Hallighäuser sprechen eine Sprache für sich. Ihre Bewohner konnten sich nur mit Mühe retten. Es wurden zerstört das Haus von Magda Diedrichsen auf der Hanswarft, die Gastwirtschaft von Johannes Boyens auf der Ockenswarft, das Haus von Carl Schümann auf Mitteltritt, in dem der 80jährige Ernst Lohse den Sturm überlebte, das Haus von Ernst Boyens auf der Volkertswarft und das Haus von Emilie Schmütz auf der Ipkenswarft. Die oben genannten Häuser weisen Schäden auf, die sie als nicht mehr bewohnbar gelten lassen. — Auf der Ockenswarft und der Volkertswarft werden in der Folgezeit Baracken aufgestellt, in denen die Bewohner der zerstörten Häuser Unterschlupf finden.

Darüber hinaus weisen fast alle Häuser der Hallig kleine oder größere Schäden auf. Lediglich in zwei Häuser der Hallig ist kein Wasser eingedrungen. Es sind dies die Gastwirtschaft »Zur Erholung« auf der Backenswarft und das »Café Seehund« auf der Hanswarft. Diese Häuser dürfen somit als die höchstgelegenen der Hallig gelten.

Nach der Flutkatastrophe besucht der Landrat des Kreises Husum mit dem Bundespräsidenten Heinrich Lübke die Hallig. Beide Herren versichern, daß großzügige Hilfe geleistet werden würde. Und die Hilfe, die dann die Hallig in den nächsten Tagen bekommt, ist wirklich großzügig zu nennen: Feuerwehrgruppen des Kreises helfen, Brunnen und Fethinge leerzupumpen und mit neuem Wasser zu füllen. Zahlreiche Spenden (Wolldecken, Schokolade, Klei-

---

Ein Bild der Kirchwarft nach der Sturmflut vom 16./17. Februar 1962. Der aus dem Hafenbecken herausgetragene Kutter läßt die Gewalt der Wellen und die Höhe des Wasserstandes erahnen. Da die Sturmflut des Nachts kam, gibt es von ihr keine Bilder. Die Halligleute hätten zum Fotografieren auch keine Zeit gehabt. Sie waren damit beschäftigt, ihren Hausrat in Sicherheit zu bringen.

dung etc.) kommen der Halligbevölkerung zugute. Zur Überbrükkung der ersten Not erhält jede Familie von der Kirche 250,— DM. Ferner werden sämtliche Schäden von Angestellten des Kreisamtes sorgfältig aufgenommen und später dann großzügig reguliert.«

Soweit der Bericht über die Sturmflut des Jahres 1962.

Es läßt sich der unwahrscheinliche Fall einer Flut denken, in der das Wasser noch höher steigen kann als 1962, weil alle nur möglichen Umstände besonders ungünstig zusammentreffen: Springflut, Windstau und Hochwasser. Im Jahre 1953, als es zur Sturmflutkatastrophe in Holland kam, lief zum Beispiel die Hallig Hooge während der Ebbe »blank«. Und zu einem ähnlichen Landunter kam es auf Hooge am 23. März 1967.

Wir wohnten damals in einer Baracke auf der Ockenswarft, die ein wenig unterhalb der Warftkrone gelegen war und 1962 von den Wellen zertrümmert worden war. Die neue Schule befand sich im Bau. Als Schulgebäude diente auf der Ockenswarft eine Baracke des Deutschen Roten Kreuzes, die 1962 nach der Sturmflutkatastrophe auf die Hallig gebracht worden war. Über die Flut vom 23. März 1967 heißt es in der Schulchronik:

»23. 2. 1967: Laut Fahrplan ein ›langer Tag‹ für die Halligleute.

Viele fahren am Morgen nach Husum zum Einkaufen, zum Besuch des Arztes oder Zahnarztes. Sie wollen am Abend wieder mit der planmäßigen Fähre auf die Hallig zurückkommen.

In der Schulbaracke beginnt der Unterricht wie gewöhnlich um 7.30 Uhr. Allerdings sind einige kleinere Kinder nicht erschienen, weil es doch recht windig für sie auf dem langen Weg ist. Das Radio sagt für den Nachmittag Windstärke 8 bis 9 voraus. Kein Grund zur Beunruhigung. Hochwasser ist um 12.45 Uhr. Kurz vor 12 Uhr kommen einige sehr starke Böen aus Süd bis Südwest. Die Schulbaracke zittert in allen Fugen, aber bald kommt auch wieder strahlend die Sonne zum Vorschein. Nachdem ich einmal kurz überlegt hatte, ob ich die Kinder nicht doch schon nach Hause schicken sollte, entschließe ich mich, sie doch bis zum Schluß des Unterrichts um 12.30 Uhr in der Schule zu behalten. Danach habe ich mit fünf Kindern noch eine Stunde Blockflötenunterricht. Die Sonne scheint, als ich sie um 13.35 Uhr nach Hause schicke.

Hochwasser ist seit einer dreiviertel Stunde vorbei. In der Hallig ist kein Wasser. Die Gräben sind nur halbgefüllt. Es scheint alles noch einmal gutgegangen zu sein. Während des Mittagessens nimmt der Wind auf einmal aus Südsüdwest stark zu und erreicht schnell Sturmstärke. Ein Telefonanruf gegen 14.15 Uhr: Sieglinde ist noch immer nicht auf der Ipkenswarft angekommen. Und der Sturm wird nun von Minute zu Minute mächtiger, die Sicht immer geringer. Im Süden der Ockenswarft — die anderen Stellen kann ich nicht beobachten — läuft plötzlich Wasser über den Deich.

Ich telefoniere hin und her: Es stellt sich heraus, daß Sieglinde und Marlene unterwegs noch auf der Hanswarft Station gemacht haben und nicht gleich nach Hause gefahren sind. Dort haben sie gewartet, bis der Kaufladen um 14 Uhr öffnete, um sich Süßigkeiten zu kaufen. Aber wo sind sie jetzt? Endlich bekomme ich heraus, daß sie unterhalb von Mitteltritt zu sehen sind. Ludwig Binge nimmt ihnen die Fahrräder ab, die der Orkan ihnen immer zur Seite wehte. Um 14.50 Uhr bekomme ich endlich Bescheid, daß Sieglinde zu Hause auf der Ipkenswarft angekommen ist. Marlene aber kann nicht mehr zur Westerwarft kommen, wo sie wohnt. Die Straße dorthin beherrscht schon der »Blanke Hans«. So bleibt sie bei ihrer Freundin Sieglinde. Mir aber fällt nun ein großer Stein vom Herzen, denn inzwischen ist die Hallig überall »blank«. Der Sturm hat an Stärke immer mehr zugenommen. Er ist wesentlich stärker als 1962, wie später alle Hooger bestätigen. Windstärke 12 haben wir bestimmt. Den Gischt der über den Deich stürzenden Wellen klatscht der Orkan gegen unsere Fensterscheiben. Von dem Salzwasser werden sie ganz blind und salzverkrustet. Ein tobendes gischtendes Geheul erfüllt die Lüfte. Die Wände der Baracke zittern. Dachziegel, Bretter, Blechdosen, große Wellblech- und Eternitplatten sausen durch die Luft. Das Chaos scheint hereingebrochen zu sein. Sturmwirbel erfassen das Fethingwasser im Innern der Warft und schleudern es prasselnd gegen die Häuserwände. Der Unterschied zwischen Wasser und Himmel ist in der Ferne nicht mehr auszumachen. Ein weißes gischtendes Band zeigt die Deichlinie an. Das Wasser steigt weiter. Unser relativ standfestes Toilettenhäuschen kippt eine Böe um. Den ganzen Nachmittag packen wir. Ich trage die Sachen trotz Sturm und Regen in das höhergelegene, 20 Meter entfernte Postgebäude. Um 17 Uhr, zwei Stunden vor Niedrigwasser, ist das Wasser halb die Warft hochgekommen. Die Husumer Zeitung ruft an und meldet einen Wasserstand von zwei Metern über MTHW an der Husumer Schleuse. Aber wer weiß, was noch die Nacht bringen wird? Wird der Wind nachlassen? Wird das Wasser über die Warftkante kommen? Wird sich die Springtide (morgen ist Vollmond) auswirken? Wir packen und packen. Unsere Kinder haben wir inzwischen zu Friedrichsens hinübergebracht. Dabei hätte mich eine Windböe beinahe ins Wasser geworfen. Die Kinder sollen dort die Nacht verbringen. Für sie sind die herumsausenden Dachziegel ein Spaß. Ich räume inzwischen die Wohnung weiter aus. Wenn wir doch bloß erst in die neue Schule einziehen könnten! Warum dauert der Bau so lange? Ich denke: Wenn der Wind weiter in Orkanstärke weht und wenn Hochwasser und höchster Windstau zusammenfallen, dann werden sicher auch die neuen Häuser unter Wasser stehen, obwohl sie doch so hoch gebaut sind. Denn sicher wird das Wasser höher steigen als 1962. — Aber der Wind nimmt zur Nacht an Stärke ab. Die Orkanböen werden immer seltener. Immerhin müssen wir nach den Rundfunkmeldungen mit einem Wasserstand von drei bis dreieinhalb Metern über Mittlerem Hochwasser rechnen.

Etwa gegen 21 Uhr steigt das Wasser wieder. Ich räume weiterhin die Wohnung aus und schleppe die wertvollsten Gegenstände aus der Schule durch den Sturm zur Post hinüber. Gegen 23 Uhr läßt sich absehen, daß das Hochwasser nicht die vorausgesagte Höhe erreichen wird. Wir bleiben verschont, und alle Arbeit war eigentlich umsonst. Gegen 23 Uhr geht auch das elektrische Licht wieder an. Wir trinken einen Teepunsch, erholen uns von den Strapazen und Aufregungen, und nachts um zwei Uhr schlafen wir drüben bei Friedrichsens. Diesen Nachmittag und diese Nacht werden wir wohl nie vergessen.

24. 2. 1967: Die ganze Nacht weht es noch stark, aber der Wind hat sich kaum gedreht. Er kommt aus West bis Südwest. Daß er nicht auf Nordwest drehte, ist wohl eine Ursache dafür, daß der Hochwasserstand hinter dem vorausgesagten Stand zurückblieb. Allmählich werden die Schäden sichtbar. Fast alle Hausdächer weisen große Löcher auf. Zum Glück blieben die Menschen durch herabfallende Ziegel verschont. Da das Mittagwasser sehr hoch ist, läuft die Hallig nur ganz langsam leer. — Am Nachmittag setzt die ›Amrum‹ von Husum kommend, einige Hooger am Deich ab. Ihr ›langer Tag‹ in Husum ist länger geworden, als sie es vorgesehen hatten. Sie können mit Mühe in Booten an die Warften herangefahren werden.«

## Die Sturmfluten von 1976 und 1981

Berichte aus der Hooger Schulchronik

Am 3. Januar und am 20. Januar 1976 wurde die Hallig Hooge von den bisher höchsten Sturmfluten in ihrer Geschichte heimgesucht. Wie es den Halligbewohnern erging und wie sie sich bei diesen beiden Sturmfluten fühlten, geht beispielhaft aus den nachstehenden Aufzeichnungen hervor, die der Hooger Schulleiter Gert Steiner für die Hooger Schulchronik schrieb und die er freundlicherweise zur Verfügung stellte:

»*Sonnabend, den 3. Januar* (geschrieben in der Nacht vom 3. zum 4. Januar):

Wir erwarteten gestern schon ein ›Landunter‹, aber der Wind kam aus Osten. Heute morgen bekamen wir eine Sturmwarnung von 3 bis 3 1/2 m über MTHW. Bei Ebbe lief bereits das Wasser im Westen und Norden über den Deich. Vier Stunden vor Hochwasser läuft es gegenüber der Schule im Süden in die Hallig. Hochwasser ist erst um 14.50 Uhr, jetzt, gegen 13.00 Uhr, läuft das Wasser schon bei unserem Nachbarn Hermann Petersen in den Garten. In der Hallig ist eine enorme Brandung. Unser Nachbar Magnus Diedrichsen, der gerade vorbeikommt, meint, eine solche Wellenhöhe innerhalb der Hallig habe er noch nicht erlebt. Einzelne Wellen kommen bis an den Gartenzaun der Schule. Der Wind hat ständig zugenommen und erreicht in Böen Windstärke 11 bis 12. Man kann nicht mehr um die Schulecke im Westen herum. Die Wellen rollen mit weißen Schaumkronen an die Warft heran. Durch unsere Fensterscheiben kann man wegen der Gischt nichts mehr sehen. Ich bin ständig draußen und fotografiere (der STERN hat angerufen und um Bilder gebeten). Zu allem Überfluß ist auch noch ständig der Strom weg und kaum Wasser in der Leitung. Die Ventile im Keller, die das Hereinströmen von Wasser durch die Kanalisation verhindern sollen, sind abgedreht. Vor der Kellertreppe im Westen haben wir ein Schott angebracht. Meine Frau hat einige Töpfe und Eimer mit Trinkwasser gefüllt. Man weiß ja nicht, was noch kommt. Gegen halb ein Uhr laufen die ersten Wellen durch unseren Garten. Harry Diedrichsen und Aldo Pezzi, die eben hier waren, kommen nur mit Mühe und Not, eine Hand über die andere schiebend und sich an den Zäunen festhaltend, wieder zu ihren nachbarlichen Häusern. Das Licht draußen ist so wechselhaft, wie ich es bisher noch nicht erlebt habe: mal strahlender Sonnenschein und ruhig dahinrollende Wellen in langer Dünung, dann wieder aufgepeitschte Gischt, so daß man kaum 50 m weit gucken kann. Manchmal ist von den anderen Nachbarwarften nichts mehr zu sehen. Zwischen der Schule und Hermann Petersens Stall fließt das Wasser ohne Unterbrechung zum Fething. Hinter unserem Auto hat sich Gottseidank ein Hecktor festgehakt, so daß das Wasser in Höhe der Felgen um das Auto herumfließt. Um 13.00 Uhr ist das Wasser so hoch gestiegen, daß Wellen auf dem Beton vor der Schule dahinbrausen und gegen die Lichtschächte der Kellerfenster donnern. Sie schwappen im Norden bereits in den ersten Schacht. Im Süden kann es nicht mehr lange dauern, bis auch dort die Kellerschächte mit Wasser gefüllt sind. Eine Viertelstunde später: Ich bin gerade im Wasserkeller des Wohnhauses unter dem Schuleingang, da füllt sich mit drei Brechern der gesamte Kellerschacht mit Wasser, und die Fensterscheibe zerplatzt. Die drei Kellerschächte im Süden der Schule sind ebenfalls voll Wasser, die Fensterscheiben sind geborsten. Damit das Wasser nicht aus dem Schulkeller in den privaten Keller läuft, habe ich den Gully im Wasserkeller verstopft, aber das nützt jetzt auch nichts mehr. Ich bin stocksauer: Am Abend vorher habe ich in das neue Regal Weinflaschen und Lebensmittel eingeräumt. Alles fängt jetzt an zu schwimmen. Ich kann meiner Frau gerade noch zwei Tonnen Waschpulver reichen, dann mache ich die Tür zu. Im Heizungskeller versuche ich, den Brenner abzubauen, aber ich bekomme die Ölzuleitung nicht ab, und außerdem steigt auch hier das Wasser immer höher, so daß ich mache, daß ich aus dem Keller komme. Drüben in der Schule fließt unter der Eingangstür das Seewasser ins Haus und dann in den Keller hinab. Das Wasser steht schon halb die Kellertreppe hinauf. Es fließt aber nicht in die Klasse. Nach draußen kann man nicht mehr gehen, da die einzelnen Wellen über die Plattform vor der Wohnungstür (immerhin auf etwa 5,50 m über NN gelegen) brausen. Im Vorflur bilden sich Pfützen. Etwas später laufen dünne Rinnsale von hier über die Treppe in die Schule.

13.30 Uhr: Der Strom ist weg. Unser Panzerkasten im Keller steht bestimmt unter Wasser. Doch mit meinen normalen Stiefeln kann ich da nicht mehr hinein.

14.00 Uhr: Das Wasser steigt nicht mehr. Wir haben das Gefühl, daß es ganz langsam sinkt, und das vor Hochwasserzeit! Vielleicht ist am Festland ein Deich gebrochen? Im Radio (Batterie) kommen ständig Aufrufe an die Bundeswehr und an BGS-Mannschaften durch. Ferner höre ich Evakuierungsaufforderungen für einige Köge auf dem Festland. Langsam wird es kalt in der Wohnung, obwohl draußen wieder schönes Wetter ist und eine unglaublich klare Sicht. Heute hat es sich gerächt, daß vor zwei Jahren der Schulausschuß gelacht hat, als ich die Abdeckungen für die Lichtschächte forderte. Dann wäre unser Keller nämlich nicht voll Wasser gelaufen.

Gegen halb vier Uhr kann ich zu Harry Diedrichsen rübergehen. Er hat es gerade noch geschafft, seine Kellerschächte abzudecken. Er hat die Platten gegen das überstehende Dach festgekeilt und die Schächte mit Sandsäcken abgedichtet. Harry leiht mir seine Stiefelhose, damit ich in unseren Keller gehen kann und in der Schule wieder die Seeventile öffnen kann. Aber leider ist im Schulkeller das Wasser noch viel zu hoch (ca. 1,50 m), dazu ist es lausig kalt. An die Ventile komme ich nicht heran, und es kann also auch kein Wasser ablaufen. Im Wohnkeller sieht es aus wie auf einem Schlachtfeld: Das Wasser steht bis zur vierten Kellerstufe. Alles schwimmt: die

Türen, die Tiefkühltruhe, Kartoffeln, Mist und Schiet. Es wird Tage dauern, das alles wieder sauber zu bekommen. Wir machen uns daran, den großen Lichtschacht mit Eimern zu leeren; es ist eine Schinderei, und mir ist nicht ganz wohl dabei, weil meine Frau ja schwanger ist. Doch wir schaffen es wenigstens so weit, bis der Panzerkasten der Stromzuleitung frei wird.

*Sonntag, den 4. Januar:* Das Wasser steht bei uns noch auf der Straße. Da wir die höchste Stelle auf Hooge haben, ist bei den anderen Warften noch mehr Wasser. Die Schäden sind beachtlich: Der Jägerzaun vor der Schule ist umgelegt. Im Garten finden sich noch 2 bis 3 Pflanzen, undefinierbar. Neben der Betonauffahrt ist ein 40 cm tiefes Loch, ca. 1,20 m mal 1,20 m. Vier Kellerfenster sind eingedrückt. Im Norden liegt ca. 20 cm hoch angeschwemmter Sand. Hermann Petersens Holzhaus ist wie ein Kartenhaus zusammengeklappt. Eine Wand ist gegen Dell Missiers Westwand geflogen und hat die obere Scheibe eingeschlagen. Binges Auto wurde bis zur Hauswand getragen. Der Schuppen dort wurde eingedrückt. Der Fething ist voll von Salzwasser. Die angrenzenden Gärten sind verwüstet. Bei Diedrichsens ist so gut wie nichts passiert. Hermann Petersens altes Haus steht bis zur Türmitte unter Wasser. — In der Nacht war auf einigen Warften wieder Strom. So bin ich mit Watstiefeln in den Wasserkeller gegangen und habe wenigstens wieder eine Phase elektrischen Strom anbekommen. Es hat zwar fürchterlich geblitzt als die Sicherung Kontakt hatte. Unser Heizlüfter stand im Heizungskeller auf einem Tisch, der Tisch schwamm, aber das Gerät war heil. Wasserstand im Heizungskeller: Unterkante Brenner. Die Stromphase, die ich hinbekommen habe, speist aber nur die Schule und die obere Wohnetage. Mit einem Verlängerungskabel können wir jetzt jeden Raum etwas wärmen, allerdings nur hintereinander. Wir können sogar fernsehen, aber die Heizung geht nicht, da sie auf Kraftstrom angewiesen ist.

Um 13.30 Uhr kam ein kleiner Hubschrauber des Heeres. Er brachte neben Ludwig und Heinrich Binge, die beide während der Flut auf dem Festland waren, auch eine Motorpumpe. Aber diese alte Kiste (Baujahr 1953, VW-Motor) lief nicht. Harry Diedrichsen, Dirk Dell Missier und ich haben sie fast ganz auseinandergebaut, neue Kerzen hineingetan und die Kontakte blankgeputzt. Dann lief sie. Als erstes wird der Schulkeller leergepumpt, damit wir an die Ventile kommen. Es ist schwierig, weil sich das Netz vor dem Ansaugstutzen immer wieder zusetzt. Noch schlimmer ist es mit unserem Keller. Dort schwimmt so viel aufgeweichtes Zeug herum wie Holzwolle und Kartons, so daß es hier fast zwei Stunden dauert, bis das Wasser nur mehr knöchelhoch steht. Jetzt beginnt die Schwierigkeit, die Heizung wieder in Gang zu bekommen. Die Hauptsicherungen knallen wieder durch, und es gibt keinen Ersatz auf der Warft. Nur gut, daß wir einen Gaskocher haben. Auf der Hanswarft sollen die niedrigen alten Häuser halb vollgelaufen sein. Willy und Hans von Holdt haben auch noch keinen Strom. Auf Ipkenswarft ist Millys Garten weggeschwemmt. Von den anderen haben wir noch nichts vernommen. Auf der Kirchwarft sind alle Zäune weg, und Rudolf Brommanns Boot kann man auf dem Pellwormer Deich sehen.

*6. Januar:* Heute abend war der Elektriker da. Wir haben eine Stunde gebraucht, um den Panzerkasten so zu reinigen, daß keine Übergangswiderstände mehr da sind. Jetzt läuft auch die Heizung wieder. — Das Schulamt hat sich erkundigt und für diese Woche freigegeben.

*20. Januar:* Gegen 16.30 Uhr läuft die Hallig eine halbe Stunde nach Hochwasser voll. Es ist ein ganz gemütliches Landunter mit relativ wenig Wind, nur etwa 8 bis 9 Windstärken. Heute nacht kann es böse werden. Ich habe schon Anfang der Woche das Fenster des großen Lichtschachtes von außen abgeschottet. Hoffentlich reicht das!

*21. Januar:* 10 Minuten vor 1 Uhr! Durch das Telefon werden uns 4 bis 4,5 m über Mittlerem Hochwasser für heute morgen gemeldet. Wir haben schon alles aus dem Keller geholt, was uns wichtig erschien. Meine Frau kann jetzt kaum mehr etwas Schweres tragen; denn sie ist im vierten Monat. In etwa 3 Stunden ist Hochwasser. Bis jetzt tut sich nichts. Wasser steht unten an der Straße bis zu unserem Weg. Hoffentlich wird es nicht zu hoch. Aber es wäre schön, wenn das Wasser den Unrat, der sich auf den Fennen angesammelt hat, mitnehmen würde.

Um halb drei gehen die Wogen wie vor drei Wochen durch den Garten. Der Wind steht etwas westlicher als am 3. Januar. Am ersten Schulfenster im Westen schlagen die Wellen bis zur Fensterscheibe hoch. Die Lichtschächte der Kellerfenster füllen sich wieder mit Wasser. Die Fensterscheiben, die Otto Dell Missier vor einer Woche eingesetzt hat, brechen wieder entzwei. Zwischen Hermann Petersens Haus und der Schule haben wir große Bretter gegen Zaun und Haus verkeilt, aber die helfen nichts. Unser Auto steht im Osten hinter dem Haus. Im Schulkeller steigt das Wasser nur bis zum ersten Treppenabsatz. Im Wohnkeller steigt es bis zur ersten Stufe der Kellertreppe. Da wir fast alles hochgestellt haben, passiert hier nichts. Der Panzerkasten bleibt verschont. Hoffentlich wird er bald nach oben verlegt. Gegen halb fünf Uhr gehen wir wieder zu Bett. Vielleicht rührt sich jetzt in der Gemeinde mal was, damit endlich die unseligen Lichtschächte eine Abschottung bekommen.«

Die hier beschriebenen schweren Sturmfluten erreichten wesentlich höhere Wasserstände als die Flut von 1962. Dennoch blieb eine Katastrophe aus. Zwar lief Salzwasser in die meisten Keller, und es gab sehr viele Unbequemlichkeiten und viel Mühsal, aber die eingetretenen Schäden waren in keiner Weise mit denen von 1962 vergleichbar. Wie war das möglich? Die Antwort auf diese Frage lautet: Das in den Jahren 1961 bis 1967 im Rahmen des Programms Nord durchgeführte Halligsanierungsprogramm, das an anderer Stelle noch ausführlicher beschrieben wird, verhinderte die Katastrophe.

Bei diesem Programm handelte es sich um eine von Bund, Land und Kreis gemeinsam finanzierte Maßnahme, welche die Erhaltung der geographischen Existenz der Halligen und die Sicherung der physischen und materiellen Existenz der dort lebenden Menschen zum Ziel hatte.

Die Geburtsstunde des Halligsanierungsprogramms schlug am 1. Februar 1953. An diesem Tag wurden die Niederlande, Belgien und die britischen Küstengebiete von einer überaus schweren Sturmflutkatastrophe betroffen. 2400 Menschen ertranken in diesen Ländern im Hochwasser der Nordsee. Die Hallig Hooge erlebte zur Ebbezeit ein Landunter! Nachdenkliche Halligbewohner ahnten, daß ihnen ein vergleichbares Schicksal einmal bevorstehen könnte. Ein Gutachten des »Küstenausschusses Nord- und Ostsee« bestätigte 1956, daß alle bestehenden Warften mit Ausnahme der 1954 erhöhten Westerwarft den möglichen Sturmfluthöhen nicht mehr gewachsen sein würden. 70 % der Hallighäuser waren älter als 100 Jahre, und ihre Mauern waren zum Teil noch in Lehm aufgesetzt. Sie würden schwerlich dem Anprall der Wellen standhalten können.

Die staatlichen Stellen waren sich darin einig, daß die Halligen erhalten werden müßten. In dem Gutachten von 1956 heißt es: »Die Erhaltung der Halligen ist eine staatliche Aufgabe. Sie ist nur möglich, wenn die Halligen bewohnt sind. Infolgedessen ist es erforderlich, auch die notwendigen Vorkehrungen für die Sicherung der Halligbewohner bei Sturmfluten als staatliche Aufgabe zu behandeln und im Hinblick auf die bestehende Gefahr baldigst durchzuführen.«

Im Grunde bestanden zwei Gefahren für die Halligen: einmal die Gefährdung von Leib und Leben der Halligleute durch Sturmfluten, und zum anderen waren die Erwerbsmöglichkeiten der Halligbewohner so beschränkt, daß befürchtet werden mußte, sie würden ihrer angestammten Heimat den Rücken kehren, die Hallig verlassen und sie ihrem Untergang preisgeben: Es gab weder elektrisches Licht noch einen Wasseranschluß an das Wassernetz des Festlandes. Die Verkehrsverhältnisse waren absolut unzureichend. Die Stallungen waren zu eng. Und die landwirtschaftlichen Betriebe waren im übrigen viel zu klein, als daß sie ihren Besitzern und deren Familien eine sichere Existenzgrundlage bieten konnten.

Ein Halligplan des damaligen Kreises Husum sah denn auch Maßnahmen vor, die die wirtschaftliche Leistungskraft der bäuerlichen Betriebe erhöhen sollten: Die Elektrifizierung der Halligen wurde geplant. Sie sollten an das Wassernetz des Festlandes angeschlossen werden. Landwirtschaftliche Maßnahmen wie z.B. der Bau von Futtersilos, die Begrüppelung der Fennen und die Einrichtung zentraler Milchverwertungsstationen sollten den Lebensstandard der Landwirte erhöhen. Schließlich waren Maßnahmen zur Verbesserung der Wohnhäuser, der Stallungen und Maschinenräume vorgesehen. Hierzu gehörten die Erhöhung, die Verbreiterung und die Abflachung der Warften und ferner auch die Errichtung von Schutzräumen, in welche die Bewohner sich bei Gefahr für Leib und Leben zurückziehen konnten.

Der Halligplan wurde schließlich in das sogenannte Programm Nord eingegliedert, ein Entwicklungsplan des Landes Schleswig-Holstein für den nördlichen Landesteil Schleswig.

Der Sanierungsplan war gerade angelaufen (Hooge bekam zum Beispiel seit 1959 Strom vom Festland), da kam die Februarsturmflut von 1962, die die Notwendigkeit und die Dringlichkeit von Sanierungsmaßnahmen nun mit Vehemenz ganz deutlich unterstrich. Das ursprünglich auf zehn Jahre geplante Unternehmen wurde in seinem Tempo beschleunigt, und in dem Zeitraum von 1962 bis 1967 wurden auf Hooge 30 Neubaumaßnahmen durchgeführt: Alte und baufällige Häuser, die in der Sturmflut vom 16./17. Februar beschädigt worden waren, wurden abgerissen und neue Häuser an ihrer Stelle errichtet. Leider lag kein einheitlicher Bebauungsplan vor. Und so entstand durch die Neubauten ein wenig einheitliches Bild. Die neuen Häuser wurden auf einem wesentlich höheren Niveau über dem Mittleren Tidehochwasser (MTHW) gebaut. Sie hatten natürlich ein starkes Mauerwerk, und dazu verfügten sie über einen sogenannten Fluchtraum, der auf tief in die Warft hinabreichenden Stahlbetonpfählen ruhte. Ferner wurden die Warften erhöht, verbreitert und abgeflacht. Sie erhielten ein sanft auslaufendes Deichprofil.

In den Januarsturmfluten von 1976 bewährte sich die durchgeführte Halligsanierung. Die neuen Häuser hielten dem starken Wellenschlag stand, und niemand geriet in Lebensgefahr. Wäre die Flut von 1962, als die Halligleute noch in ihren alten und gebrechlichen Häusern wohnten, zur gleichen Höhe aufgelaufen, so wären die Halligen wohl von der größten Katastrophe in ihrer Geschichte betroffen worden. Kaum ein Haus hätte den Wellen standhalten können. Die meisten Halligbewohner wären in den Fluten der Nordsee ertrunken. Jetzt erwies sich, wie notwendig und wie richtig die Erhöhung und Verbreiterung der Warften und ihre Abflachung gewesen waren: Der Ansturm der See wurde gemildert, und die Häuser hielten dem Druck stand. Allerdings konnte meist nicht verhindert werden, daß in die Kellerräume der neuen Häuser Salzwasser eindrang und daß dadurch Strom und Heizung ausfielen und die Wintervorräte verdorben wurden. —

Für die Halligleute, die nach 1962 es vorgezogen hatten, sich nicht an der Sanierung zu beteiligen, waren die Fluten von 1976 allerdings eine Katastrophe. In ihren Häusern stand tagelang das Wasser meterhoch. Die Erhöhung der Warften wirkte sich für ihre alten Häuser positiv und negativ aus. Einerseits verhinderte sie, daß die alten Häuser dem direkten Wellenanprall ausgesetzt waren und zerschlagen wurden, andererseits wurde aber dadurch bewirkt, daß in ihnen das Wasser sehr lange stand. Denn das Warftinnere war nun ein Teich voll Nordseewasser, der erst lange nach Ablauf der Sturmflutwasser mit Feuerwehrpumpen geleert werden konnte.

Nach den Sturmfluten von 1976 wurde mit staatlicher Unterstützung der Schutz der Halligháuser verbessert: Bei hohen Sturmfluten können die Halligleute jetzt ihre Fenster und Türen mit Luken abschotten, damit zur Zeit des höchsten Flutstandes kein Salzwasser in die Häuser und in die Keller eindringen kann. Vielfach entfernte man auch die Kellerfenster und ersetzte sie durch Glasbausteine.

Im November 1981 gab es wieder eine sehr hohe Sturmflut. Der Schulleiter der Hooger Schule zeichnete ihren Verlauf für die Schulchronik auf und stellte ihn dankenswerter Weise zur Verfügung.

»24. November: Gerade noch einmal geschafft. Gestern abend hatten wir wegen des schweren Sturmes, immer so um 9 aus Südwest, die Seeventile im Keller zum Klärbassin dichtgedreht, damit durch die Abwasserableitung kein Wasser ins Haus kommt. Die Eisentür im Keller haben wir verriegelt. Da für die Nacht nur ein bis eineinhalb Meter über MTHW gemeldet waren, haben wir uns beruhigt zu Bett gelegt. Trotz des Sturmes haben wir gut geschlafen. Als wir morgens um 6 Uhr aus dem Fenster gucken, sind die Straßen nach Hanswarft und nach Mitteltritt überflutet. Nur direkt bei uns ist die Straße noch frei, also keine Schule! Wir legen uns beruhigt wieder hin. Um 9.30 Uhr plötzlich Gepolter an der Eingangstür und Rufen: Hermann Petersen, unser Nachbar, steht im Flur und fragt uns, ob wir nicht mal raussehen könnten! Das Wasser flutet bereits oberhalb der Wäschepfähle bis an den Gartenzaun. Ich also in Windeseile in die Plünnen und raus: Das Auto steht noch im Süden vor der Schule. Zwar steht es schon oben auf dem Betonstreifen vor der Schule, aber hinter der Schule wäre es wohl geschützter. Gottseidank springt der Motor sofort an, und zwischen zwei großen Wellen, die bereits im Westen bis an den Betonweg lappen, kann ich den Wagen hinters Haus fahren. An die letzte große Sturmflut denkend, bei der glücklicherweise ein halbes Stack (Hecktor) gegen die Hinterräder getrieben war und so Wasser und Schiet am Auto vorbeigeleitet hatte, lege ich einen Balken hinter die Hinterräder. Ich laufe zurück nach vorne, um meine Frau zu holen, denn wir hatten vergessen, das Schott vor der Kellertreppe einzusetzen. Und das ist jetzt bei Windstärke 10 bis 11 kaum noch zu schaffen, da der Wind aus Südwest schräg gegen das Schulhaus tobt. Wir schaffen es, sind aber danach erst einmal total erschöpft. Unsere Kinder stehen im Schlafanzug am Wohnzimmerfenster und freuen sich über die großen Wellen, die mit breiten Gischtfahnen durch den Gartenzaun wehen. Ich muß aber wieder hinaus, um die Lüftungslöcher in den Glasbausteinfenstern zuzumachen, denn mir scheint doch, daß das Wasser diesmal sehr hoch auflaufen wird. Zum Glück liegen die Deckel für die Lüftungslöcher in den Kellerschächten bzw. im Abstellraum bereit, und ich kann alle Deckel von außen einsetzen bis auf den im Lichtschacht unter der großen Schultür. Da der Gitterrost zu schwer ist, verschließe ich das Loch von innen. Hoffentlich hält der Deckel. Auch das Luftansaugeloch für die Ölheizung, das ebenerdig neben dem Lichtschacht im Osten liegt, kann ich mit einer dünnen Holzplatte abdecken und verkeilen. Endlich kann ich mich im Haus wieder aufwärmen, denn es ist im Sturm doch recht kalt.

Mittlerweile ist es 10.30 Uhr. Ich filme, wie das Wasser mit großen Brechern durch den Gartenzaun stürzt. Vor unserer Laube staut sich das Wasser, so daß ich mich noch einmal hinauswagen muß. Immer an der Wand entlang über die Lichtschächte in die Laube und schnell die Tür aufgemacht: Das Wasser kann jetzt ungehindert rund ums Haus strömen. Hermanns altes Haus neben der Schule steht unter Wasser. Hinter dem Haus fließt das Wasser am Auto vorbei in den Fething, der bald nicht mehr als solcher zu erkennen ist. Ein Glück, daß Harry, unser übernächster Nachbar, eine Mauer zu Hermanns Garten hin gebaut hat und damit seine Eingangstür schützt.

Im Schulkeller sieht es jetzt lustig aus: Alle Lichtschächte sind mit Wasser gefüllt. Die ersten vier im Westen sind ganz voll, die anderen mehr als zur Hälfte. Das haben wir 1976 nicht gehabt. Da waren *nur* drei Schächte vorne und einer hinten vollgelaufen. Damals platzten die Fensterscheiben. Gottseidank haben wir jetzt die Glasbausteine vor den Fenstern, sonst wären wir hoffnungslos vollgelaufen, und zwar wohl der gesamte Keller.

Im Schulkeller bilden sich kleine Rinnsale an den Fensterfugen. Im Vorraum der Mädchentoilette ›pinkelt‹ es durch die Kachelwand. So hoch muß der Grundwasserspiegel gestiegen sein. Das (klare) Wasser steht jetzt im Schulkeller wadenhoch, zur Freude unserer Kinder, die ihre Spielzeugboote geholt haben. Im Wohnhauskeller kommt jetzt Wasser wie aus einer Kaffeekanne aus der Wand, wo die Wasserleitung von draußen durch die Mauer verlegt ist. Ich muß den Pfropfen aus dem Gully ziehen, damit sich hier nicht zuviel Wasser sammelt. Sonst sind die Glasbausteine ziemlich dicht. Manchmal sickert das Wasser, das jetzt in *allen* 13 Lichtschächten steht, durch die Fugen.

Im Radio hören wir die Meldungen vom Festland und die Warnungen für Hamburg, das ja erst später Hochwasser hat. Die Wellen schlagen um 11.30 Uhr voll auf den Beton im Süden der Schule. Der Zaun, eigentlich fest eingesetzt, beginnt sich zu neigen. Hoffentlich bleibt er ganz. Alles, was sich in der Laube befand, schwimmt dort umher, da es nicht durch die Tür oder gegen die Wellen antreiben kann. Anscheinend steigt jetzt das Wasser nicht mehr. Da Strom und Telefon vorhanden sind und funktionieren, können wir kochen und auch aufgeregte Anfragen unserer Verwandten und Bekannten beantworten. Gegen 13.00 Uhr ist das Wasser, das immer noch in großen Brandungswellen gegen die Warft schlägt, bis zu den oberen Wäschepfählen gesunken. So kann Ute Diedrichsen ganz aufgeregt zu uns herüberkommen: Das Segelboot von Harry, die ›Hallig-Moev‹, hat sich in der Schleuse losgerissen und ist an Backenswarft vorbei über den Deich in Höhe des Anlegers abgetrieben! Dabei hatte Harry sein Boot am gestrigen Abend noch einmal kontrolliert und eine zusätzliche Leine gelegt. Nach Utes Aussage hat Harry sein Boot schon aufgegeben. Seine Mutter ist, wie immer bei Aufregung, ›total krank‹.

Ich gehe hinüber und erfahre, daß sein Boot zwischen Langeneß und Gröde gesehen worden ist. Wir telefonieren mit Oland, Gröde, dem ALW in Wyk und mit Schlüttsiel. Überall will man Ausschau halten, aber bei dem anhaltenden Sturm und der starken Gischt ist auf dem Wasser ohnehin nicht viel zu sehen. Gegen 15 Uhr läßt der Sturm nach, bläst aber immer noch mit Windstärke 8 bis 9. Das Wasser ist bei uns bis an den Betonweg zur Straße gesunken, so daß wir immer noch nicht die Ventile zum Klärbassin öffnen können. So müssen wir auch weiterhin sparsam mit Frischwasser umgehen, da es durch die zugesperrte Abwasserleitung nicht zum Klärbassin ablaufen kann und sonst als Brauchwasser im Keller bleibt.

Am Abend wird noch einmal eine Sturmflutwarnung von 2,5 Metern gesendet. Wir lassen deshalb die Ventile gleich geschlossen. Ansonsten können wir gar nichts weiter tun. Von Schäden auf Hooge hören wir nichts. Rund um das Haus und auf der Warft ist nichts passiert. Nur bei Sigrid Dell Missier hat der Sturm einen Teil des Dachfirstes im Westen bis zum Schornstein hin abgedeckt. Das neu gedeckte Dach bleibt aber sonst heil. Neutons alte Theke aus dem Café Seehund, die noch vom Kinderfest her vor der Schule stand, ist verschwunden. Die Fußballtore auf unserem Sportplatz stehen noch, ebenso unsere Hecktore. Mit der Gewißheit, daß morgen keine Schule ist und daß in dieser Nacht nicht mehr viel passieren kann, gehen wir zu Bett.

25.11.1981: In der Nacht haben wir doch noch Wasser dazubekommen. Es muß bis auf etwa die halbe Warfthöhe gestiegen sein, denn es ist zwischen den Wäschepfählen ein dünner Spülsaum zu erkennen. Im Radio hören wir von den Schäden auf dem Festland. Wahrscheinlich wird die Eindeichung bei Nordstrand nun schneller vorangetrieben. Harry hat sein Schiff gefunden: Es liegt im Nordosten auf dem Deich der Hallig Gröde! Wie oft muß es wohl zwischen den Halligen und dem Festland herumgetrieben sein! Nach Berichten von Gröde soll es ein Leck von 1 $m^2$ haben. Ich bin gespannt, ob und wie er es wiederbekommen kann. Aber er ist ja beim ALW. Vielleicht helfen da alle.

Der Wind hat sich weiter beruhigt, und das Wetter ist eigentlich — wie immer nach einer schweren Sturmflut — herrlich. Im Nachhinein betrachtet, können wir nur von Glück sagen, daß die Kellerfenster mit Glasbausteinen ausgestattet wurden. Sonst wäre es noch schlimmer als 1976 geworden. Jetzt geht auch schon hier auf der Warft die Diskussion los: War es höher und schlimmer als 1976? Alle sind der Meinung, daß wir noch einmal mit einem blauen Auge davongekommen sind, da der Wind immer nur aus Südwest gekommen ist und gottseidank nicht, wie befürchtet, auf Nordwest gedreht hat. Dann hätte es wahrscheinlich auf den großen Warften böse ausgesehen, denn die Brandung war wesentlich stärker als 1976. Schon allein die Tatsache, daß alle dreizehn Kellerschächte der Schule vollgelaufen sind, zeigt den hohen Wellenschlag. Na ja! So wie es aussieht, werden wir erst morgen wieder Schule halten können, da das Wasser wegen des noch immer hohen Flutwasserstandes draußen, der die Halligsieltore geschlossen hält, nicht aus der Hallig abfließen kann. Mit Sicherheit wird aber wieder viel von den Gräbenkanten abgebrochen sein. Unseren Zaun müssen wir nur aufrichten. Er ist sonst nicht weiter beschädigt worden, war aber wie der letzte ein sehr guter Wellenbrecher.«

# Sturmfluten in der Vergangenheit

Die älteste Flutkatastrophe, die uns in Quellen belegt ist, ereignete sich vor Christi Geburt und führte zur Auswanderung der Cimbern, Teutonen und Ambronen aus ihrer Heimat an der Nordseeküste. Über diese sogenannte »Cimbrische Flut« berichtet der griechische Schriftsteller Strabo, der von 63 v. Chr. bis 19 n. Chr. lebte.

Von einer Flut im Jahre 838 berichtet der Bischof Prudentius von Troyes. In dieser Flut sollen 2437 Menschen ihr Leben verloren haben. Tausende von Wohnhäusern wurden zerstört, und ungezählte Stück Vieh ertranken.

In den nachfolgenden Jahrhunderten wird in verschiedenen Chroniken und Quellen von einer Vielzahl von Sturmfluten berichtet, doch sind die Angaben immer nur sehr ungenau.

Vom 15. bis 17. Januar 1362 ereignete sich die sogenannte »Marcellusflut«, die man als »die erste Manndränke« bezeichnet. Damals war das heutige Wattengebiet in Nordfriesland noch dicht besiedelt. Kulturspuren im Watt weisen uns ständig darauf hin. Auch erfahren wir hiervon aus verschiedenen Geschichtswerken und aus Johann Mejers »Landtcarte von dem Alten Nortfrieslande Anno 1240«, der allerdings mit großer Skepsis begegnet werden muß. Auf jeden Fall waren die nordfriesischen Uthlande dicht besiedelt, als die Katastrophe von 1362 hereinbrach. In der Nähe der heutigen Hallig Südfall lag damals der Marktflecken Rungholt, der damalige Hauptort Nordfrieslands. Er wurde von der Flut zerstört. Die Sage berichtet, daß der Übermut und die Gottlosigkeit der Rungholt-Leute die Ursache für die verheerende Flut gewesen seien. Nur der Prediger der Stadt und zwei Jungfrauen hätten den Fluten entrinnen können. Man kann dies als eine hinweisende Deutung auf die Ge-

---

Carl Schümann, der Hamburger Bildhauer, der von der Hallig Hooge stammt, schnitzte für die neue Schule den »Blanken Hans« im Angriff auf die Küste. Die Bildsäule zeigt das friesische Wappen, darunter das Hooger Wappen, das einen unklaren Anker darstellt, und das Wappen von Schleswig-Holstein.

walt dieser Manndränke verstehen, die überaus große Verluste an Menschenleben verursachte: Über 7600 Menschen ertranken, und mehr als 60 Kirchspiele wurden ausgelöscht.

Der deutsche Lyriker Detlev von Liliencron (1844 bis 1909), von 1882 bis 1883 als preußischer Hardesvogt auf der Insel Pellworm in der Amtsverwaltung tätig, die noch heute für die Hallig Hooge zuständig ist, schrieb über dieses Ereignis das Gedicht »Trutz, Blanke Hans«. Mit dem Namen »Blanke Hans« bezeichnen die Halligleute noch heute die Nordsee. Der von der Hallig Hooge stammende Bildhauer Carl Schümann (1900 bis 1975) schnitzte für die Hooger Halligschule das Relief »De Blanke Hans — He nimmt, He givt.« Er schnitzte übrigens auch aus dem Mühlenpfahl der ehemaligen Bockmühle bei Mitteltritt eine Christusfigur und eine Madonnenfigur heraus.

Von dem »Blanken Hans« sagte mir einmal nach einer heftigen Sturmflut der verstorbene Hooger Hans Dell Missier: »He hett uns wedder mol wiest, dat He keen Snösel is!«

# Trutz, Blanke Hans

Heut bin ich über Rungholt gefahren,
Die Stadt ging unter vor sechshundert Jahren.
Noch schlagen die Wellen da wild und empört,
Wie damals, als sie die Marschen zerstört.
Die Maschine des Dampfers schütterte, stöhnte,
Aus den Wassern rief es unheimlich und höhnte:
Trutz, Blanke Hans.

Von der Nordsee, der Mordsee, vom Festland geschieden,
Liegen die friesischen Inseln im Frieden.
Und Zeugen weltenvernichtender Wut,
Taucht Hallig auf Hallig aus fliehender Flut.
Die Möwe zankt schon auf wachsenden Watten,
Der Seehund sonnt sich auf sandigen Platten.
Trutz, Blanke Hans.

Mitten im Ozean schläft bis zur Stunde
Ein Ungeheuer, tief auf dem Grunde.
Sein Haupt ruht dicht vor Englands Strand,
Die Schwanzflosse spielt bei Brasiliens Sand.
Es zieht, sechs Stunden, den Atem nach innen
Und treibt ihn, sechs Stunden, wieder von hinnen.
Trutz, Blanke Hans.

Doch einmal in jedem Jahrhundert entlassen
Die Kiemen gewaltige Wassermassen.
Dann holt das Untier tiefer Atem ein.
Und peitscht die Wellen und schläft wieder ein.
Viel tausend Menschen im Nordland ertrinken,
Viel reiche Länder und Städte versinken.
Trutz, Blanke Hans.

Rungholt ist reich und wird immer reicher,
Kein Korn mehr faßt selbst der größeste Speicher.
Wie zur Blütezeit im alten Rom,
Staut hier täglich der Menschenstrom.
Die Sänften tragen Syrer und Mohren,
Mit Goldblech und Flitter in Nasen und Ohren.
Trutz, Blanke Hans.

Auf allen Märkten, auf allen Gassen
Lärmende Leute, betrunkene Massen.
Sie ziehn am Abend hinaus auf den Deich:
Wir trotzen dir, Blanker Hans, Nordseeteich!
Und wie sie drohend die Fäuste ballen,

Zieht leis aus dem Schlamm der Krake die Krallen.
Trutz, Blanke Hans.

Die Wasser ebben, die Vögel ruhen,
Der liebe Gott geht auf leisesten Schuhen.
Der Mond zieht am Himmel gelassen die Bahn,
Belächelt der protzigen Rungholter Wahn.
Von Brasilien glänzt bis zu Norwegs Riffen
Das Meer wie schlafender Stahl, der geschliffen.
Trutz, Blanke Hans.

Und überall Friede, im Meer, in den Landen.
Plötzlich wie Ruf eines Raubtiers in Banden:
Das Scheusal wälzte sich, atmete tief.
Und schloß die Augen wieder und schlief.
Und rauschende, schwarze, langmähnige Wogen
Kommen wie rasende Rosse geflogen.
Trutz, Blanke Hans.

Ein einziger Schrei — die Stadt ist versunken,
Und Hunderttausende sind ertrunken.
Wo gestern noch Lärm und lustiger Tisch,
Schwamm andern Tags der stumme Fisch.
Heut bin ich über Rungholt gefahren,
Die Stadt ging unter vor sechshundert Jahren.
Trutz, Blanke Hans?

In den nachfolgenden Jahrhunderten ereigneten sich weitere Sturmfluten, und am 11. Oktober 1634 kam es zur »zweiten Manndränke«. Wieder hatte der Wind tagelang aus Südwesten geweht und war dann nach Nordwest umgesprungen. Dies führte zu extrem hohen Wasserständen. Dem Druck der heranbrausenden Wellen hielten die Deiche der Insel Strand nicht stand. Sie brachen, und die hufeisenförmige Insel Alt-Nordstrand wurde in zwei Teile gerissen, in Pellworm und Nordstrand. Diese beiden heute noch vorhandenen Inseln umfassen aber nur ein knappes Viertel des alten Strandes. Von 9041 Einwohnern des Strandes und der Halligen ertranken in dieser Manndränke 6408 Einwohner. Nur 2633 Menschen überlebten die Sturmflut. Auf Hallig Hooge ertranken damals 43 Menschen. Die Überlebenden gerieten in große Not: 1300 Häuser waren zerstört und das Hausgerät davongetrieben. Die Nahrungsmittel waren vom Salzwasser verdorben und die Brunnen und Fethinge versalzen. 50 000 Stück Vieh waren als Verlust zu beklagen. Von 22 Kirchen waren nur noch 3 erhalten. Es sind dies die heute noch vorhandene alte und neue Pellwormer Kirche und die Kirche auf Nordstrand. Viele Strandinger und viele Halligleute wanderten nun nach Husum und Wyk und auch nach Holland aus.

In den Sturmfluten des ausgehenden 16. Jahrhunderts und in der ersten Hälfte des 17. Jahrhunderts erlitt die Hallig Hooge erhebliche Landverluste. Im Jahre 1653 wurde von den drei ältesten Halligbauern auf der Hallig Hooge ein Aktenstück verfaßt, in dem festgehalten wird, daß zwischen 1593 und 1653 sieben Warften der Hallig Hooge verlorengegangen sind. — Im Jahre 1717 ereignete sich die große Weihnachtsflut in Nordfriesland, von der Heimreich in seiner Chronik berichtet. Auch die Hallig Hooge wurde von dieser Flut heimgesucht. Von insgesamt 120 Häusern wurden 12 völlig zerstört und 60 ruiniert.

Viele Sturmfluten suchten im 18. und 19. Jahrhundert die Hallig Hooge heim. Von der Zerstörungskraft dieser Fluten erfahren wir meist nur mittelbar aus Bittschriften der Halligleute an ihren Landesherrn, in denen sie um Befreiung von Lasten bitten; denn die Fethinge seien versalzen, die Hausmauern zerschlagen, das Hausgerät davongetrieben und die Gärten verwüstet. Auch sei viel Vieh ertrunken.

Im Jahre 1821 ereignete sich eine heftige Sturmflut. Der Hallig Hooge wurden von der Landesregierung 780 Mark und 3 Schilling zur Verteilung an betroffene Einwohner übergeben.

Am 3./4. Februar 1825 ereignete sich eine Sturmflut, deren Einzelheiten uns aus Hooger Quellen nun direkt bekannt werden: In den Hooger Schulprotokollen, verfaßt von dem damaligen Pastor auf Hooge A. W. C. Schmidt, wird ein genauer Bericht über die Sturmflut vom Februar 1825 gegeben. Es heißt dort:

»In der Nacht zwischen dem 3ten und 4ten Febr. war eine Fluth, wie bei Menschengedenken nicht existiert hat. 3 Warften — Klein- und Großsüderwarft und Feder Bandixwarft — sind gänzlich mit ihren Wohnungen und Bewohnern untergegangen. Außerdem sind die 5 westlichen Warften größtenteils zertrümmert, und 7 Wohnungen außerdem gänzlich von Grund aus zernichtet. Von 85 Wohnungen sind 6 oder 7 ganz schadenfrey geblieben, und 20 sind höchstens bewohnbar. 25 Menschen haben hier in Einer Schreckensnacht das Leben eingebüßt, davon sind 5 im Bette ertrunken, die übrigen 20 mit ihren Wohnungen vergangen. Die Gemeine ist nun zerrüttet. Viele, die wohlhabensten, entfliehen und manche gehen, so bald sie können. Die Folgen dieser Fluth sind traurig. Die Halligen gehen, wenn das so fortgeht, was Gott verhüte, ganz ein. Viele haben alles verloren, sind zerrüttet. Hunger und Durst hätten manchen schrecklich gequält, wenn nicht Nachbargemeinden sich der Halligen angenommen und Proviant zur weisen Vertheilung unter die Bedürftigen gesandt hätten. Viel Vieh, groß und klein, ist ertrunken und in den Häusern erschlagen. Die Vorsehung hat sich hier auf einmal schrecklich gezeigt zur Demüthigung und Erhebung. Sie sey uns gnädig und sende uns keine solche Fluth wieder!«

Der Verfasser dieser Zeilen, Pastor Anton Wilhelm Conrad Schmidt, war seit 1819 Pastor auf der Hallig Hooge. Sein erstes Kind, eine Tochter, war 1823 hier gestorben. Ins Kirchenbuch hat der Vater eingetragen: »Sie ertrank im großen Schlote (Hafen) bey der Kirche durch ein schreckliches Verhängnis des Allerhöchsten in einem Alter von 3 3/4 Jahren. Der Herr Pastor Kottmann, Nordmarsch (Langeneß) hielt für mich die Grabrede«. — Am 3. Februar 1825 wird die Frau des Pastors von einem dritten Kinde entbunden. Dieses Kind ist kaum 24 Stunden alt, da stürmt die Nordsee durch das Zimmer, in welchem es geboren wurde. Der Pastor rettet sich mit seiner Frau und dem neugeborenen Kinde auf den Heuboden des Pastorats. Vorher hatte man noch Lebensmittel und die notwendigsten Sachen dorthin gebracht. Die Nordermauer des Pastorats wird zur Hälfte von den Wellen eingeschlagen. Der karge Hausrat treibt davon. Um Mitternacht wird der Stall des Pastors völlig zerstört. Ein kleines Schafhaus wird weggespült. (Damals betrieb der Pastor wie auch der Lehrer der Hallig noch eigene Viehwirtschaft.) Die ganze Nacht hindurch muß die Pastorenfamilie auf dem Dachboden ausharren. Die Umgebung des Pastorats bietet danach ein Bild des Grauens: Die Westwand der Kirche ist eingestürzt. Särge wurden aus ihren Gräbern gerissen, nach Pellworm getrieben und dort bei der Alten Kirche beigesetzt.

Johannes Plöhn berichtet von der Sturmflut nach mündlichen Überlieferungen älterer Halligleute: »Ertrunken sind alle Einwohner auf Pohnswarft, Groß- und Klein-Süderwarft, Fedder-Bandix-Warft und eine Frau auf Volkertswarft. Am Abend des 3. Februar hat es nicht stark geweht, so daß die Leute überhaupt nicht mit der Möglichkeit einer hohen Flut rechneten und überhaupt keine Vorkehrungen trafen. Freilich war die vorige Flut nicht abgeebbt. Noch um 7 Uhr abends gingen Leute von einer Warft zur anderen und an den Strand. Das Wasser kam so schnell, daß Konrad Petersen, Ipke Johannsen und Bandick Boysen, welche am Strande waren, nicht nach Lorenzwarft zurückkehren konnten, sondern nach Ockelützwarft flüchten mußten. Die Nacht war merkwürdig hell. Das Wasser stieg so schnell die Warft hinauf und in die Häuser, daß man auf Ipkenswarft die Kinder halb bekleidet aus dem Bett reißen und durch die Luke auf den Boden setzen mußte. Im Hausgarten auf Volkertswarft stand damals ein niedriges Haus. Der Besitzer desselben führte eine Kuh durch das Wasser in das höher gelegene Nachbarhaus. Als er zurückwollte, um seine alte Mutter zu holen, war's ihm bereits unmöglich, und die alte Frau ertrank. Justus Feddersens Großmutter auf Mitteltritt flüchtete mit zwei kleinen Kindern in das Nachbarhaus Carlsen durch das Fenster. August Carlsens Haus auf Lorenzwarft stürzte bis auf das westliche Fachwerk ein, und hier retteten die Bewohner ihr Leben. Ein Kasten mit Silbersachen aus diesem Hause soll merkwürdigerweise in das Hühnerloch des Königshauses auf Hanswarft hineingetrieben sein. Auf Pohnswarft sind die Leute im Bett ertrunken. Auf Ockelützwarft soll ein schwarzer Hund im Kinderwagen in der Stube herumgeschwommen haben. In Friedrich Boysens Haus (jetzt Tiede Binge) haben die Bewohner, welche wohl nicht mehr auf den Boden haben flüchten können, ein Tau von der Türklinke um den Ofenknopf geschlungen und dieses festgehalten, damit die Tür nicht von den Wellen gewaltsam geöffnet würde. Überall haben die Bewohner sonst auf dem Hausboden gesessen.

Nach der Flut boten die Warften Bilder der ärgsten Zerstörung, und die Not der Überlebenden war groß. Viele Mauern waren eingestürzt, viel totes Vieh lag herum. Auf Hanswarft soll verhältnismäßig am wenigsten passiert sein. Verschiedene Möbel von unserer Hallig trieben auf Pellworm an. Groß war die Not der Halligleute, weil sie nach der Flut kein Trinkwasser besaßen. Als Leute von Hanswarft nach Mitteltritt kamen, saßen die Bewohner von Feddersens altem Hause noch auf dem Boden, weil sie nicht herunterkommen konnten. Sie schrien nur nach Wasser. Zum Glück fiel bald nachher Schnee, der sorgfältig gesammelt wurde. Als die Schiffer nach der Flut segeln konnten, kamen sofort auswärtige Schiffer von Föhr und Husum mit Proviant und Wasser nach Hooge. — Auf Norderoog, der politisch zur Hallig Hooge gehörenden Nachbarhallig, ist durch die Flut die einzige Wohnung total ruiniert worden, so daß sie unbewohnbar wurde. Die Familie hat ihr Leben auf dem Boden gefristet. Von dem Viehbestande ist ein Pferd lebendig geblieben, indem selbiges sich immer auf die Hinterfüße richtete und in dieser Stellung gegen die Wellen ankämpfte. Dagegen sind zwei Kühe, 30 Schafe und ein Pferd nebst allem Hausgeräte weggetrieben.«

Heinrich Brandt, ehemals Lehrer auf der Hallig Hooge, berichtet von der Tragödie des Hooger Ipke (Ingwer) Nommsen, über die er von dem Kapitän Johannes Diedrichsen von der Hallig Hooge (geboren 1863) erfuhr: »Nommsen wollte, als bereits das Wasser die Halligkante überschritten hatte, von der Hanswarft über das Mehdeland nach dem Süden wandern, um auf den Süderwarften seinen Neffen zu suchen. Er erreichte auch die Warft. Die raffenden Wellen aber verschlangen ihn mit den übrigen Bewohnern. Anderen Tages fand man seine Leiche. Sein Tod war umsonst gewesen. Sein Neffe war auf der Hanswarft, die Nommsen verließ, um ihn zu suchen. Dort hatte er die Flut überlebt.«

Von den westlichen Warften, die damals größtenteils zertrümmert wurden, sind die heutige Pohnswarft, die Ipkenswarft, die Volkerts- und die Westerwarft noch vorhanden. Die Pohnswarft war so sehr zerstört worden, daß sie nicht mehr mit einem neuen Haus versehen wurde. Die leere Pohnswarft findet der Deichwanderer heute im Südwesten der Hallig in der Nähe des Deiches, kenntlich ist sie durch den Windmesser, den das Marschenbauamt Husum dort installiert hat. In der Mitte der toten Warft findet sich ein Fething, der heute zur direkten Viehtränke für das auf den Fennen weidende Vieh dient. Die Westerwarft liegt im äußersten Westen der Hallig und auch unmittelbar am Deich. Sie ist lange nicht bewohnt gewesen. In den dreißiger Jahren wurden auf ihr Baracken zur Beherbergung des Reichsarbeitsdienstes errichtet. 1954 wurde die Westerwarft, nachdem sie vorher wesentlich erhöht worden war, mit drei Häusern von Deicharbeitern besiedelt.

Drei Warften aber wurden 1825 ganz zerstört: Die große und kleine Süderwarft und die Fedder-Bandixwarft. Diese Warften hatten unmittelbar an der damaligen Halligkante gelegen. Südlich der Hanswarft findet man noch heute im Watt die Reste dieser Warften: die Vertiefung des Fethings, abgeschliffene Ziegelsteine und Tonscherben. Wenn man Glück hat, kann man auch einmal eine heile Tasse oder einen ganzen Teller finden. Meist ist alles aber unter einer dicken Schlickschicht verborgen.

Nach der Flut von 1825 setzte eine Abwanderung von den Halligen ein. Waren vor der Sturmflut noch 329 Menschen auf der Hallig Hooge gezählt worden, so lebten wenige Zeit nach der Sturmflut nur noch 251 Menschen hier. Viele Hooger zogen damals nach Wyk. Aber viele hatten ihre Heimat nun erst recht liebgewonnen, und sie nahmen den Kampf gegen die Not auf: Die Weiden mußten von einer dicken Schlick- und Muschelschicht gereinigt werden. Die Fethinge und Brunnen mußten vom Salzwasser geleert werden, die Häuser mußten so hergerichtet werden, daß sie wieder einigermaßen Schutz vor den Unbilden der Witterung boten, und die Warften mußten neu besodet und ausgebessert werden, damit sie wiederum Schutz gegen den »Blanken Hans« gewähren konnten.

Der Hallig wurde Hilfe von Husum zuteil. Dort war ein Hilfsverein gegründet worden. Er sammelte für die notleidende Halligbevölkerung Kleidung, Bettzeug, Lebensmittel, Gebrauchsgegenstände und Geld. Insgesamt kamen 41 035 Reichstaler zusammen. Als weitere Hilfsaktion ist die auf Anordnung des dänischen Königs Friedrich VI. durchgeführte Kollekte und Haussammlung anzusehen. Dem damaligen Pastor Schmidt auf der Hallig Hooge wurden 160 Reichstaler zur sofortigen Verteilung an die bedürftigsten Familien überwiesen. Für die Herstellung der zerstörten Kirche wurden 1154 Taler zur Verfügung gestellt. Die Reparatur des zerstörten Westteils der Kirche dauerte eineinhalb Jahre. Es muß sich also um eine erhebliche Beschädigung gehandelt haben. Die Schlußabrechnung aus dem Jahre 1827 weist aus, daß Hooge, Norderoog und Süderoog insgesamt 7559 Taler bekamen. Von dieser Summe wurden 856 Taler zur Wiederherstellung der Warften verwandt.

König Friedrich VI. hatte zunächst gefordert, daß die Warften um 10 bis 12 Fuß zu erhöhen seien. Ferner wurde den Halligbewohnern zur Auflage gemacht, ihr Haus in der festen Ständerbauweise zu errichten. Andernfalls sollten sie keine Mittel aus dem Entschädigungsfonds für zerstörte Warften und Häuser erhalten. Die Hooger wandten daraufhin ein, daß ihnen nur eine Erhöhung der Warften um 2 bis 3 Fuß möglich sei. Das königliche Dekret wurde daraufhin rückgängig gemacht. Doch wurde für Neubauten vorgeschrieben, daß sie erheblich über dem Niveau der bestehenden Häuser zu erbauen seien.

Friedrich VI. kam im Sommer nach der Sturmflut persönlich auf die Hallig, um sich von dem Ausmaß der entstandenen Schäden an

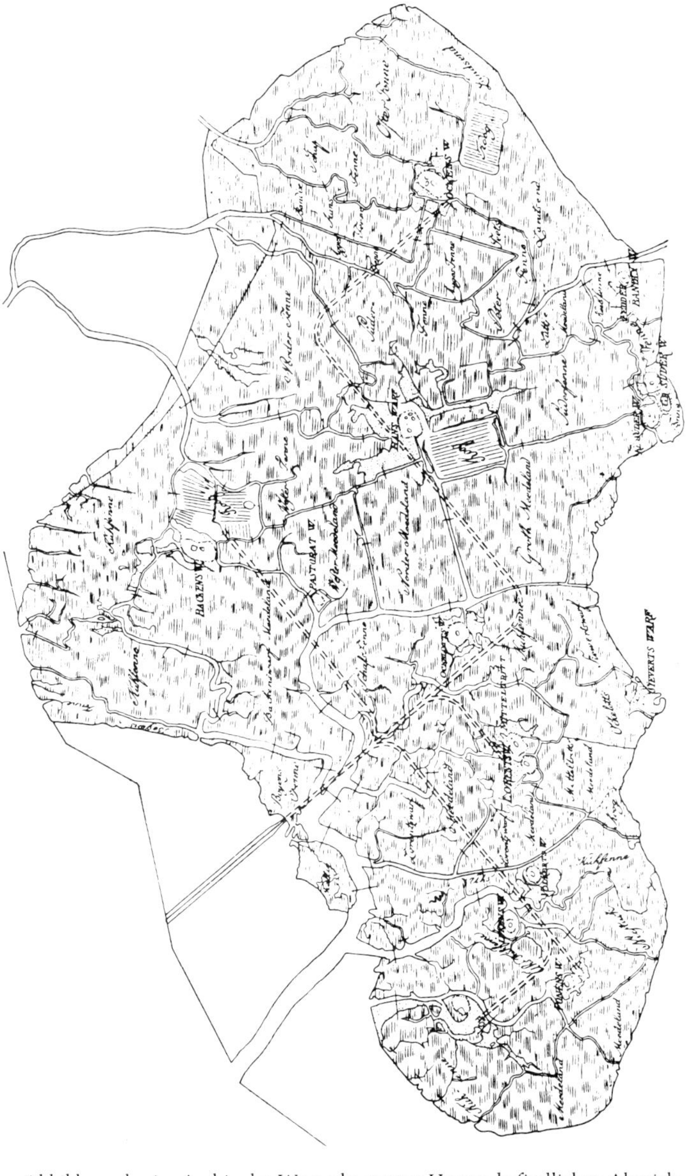


Abbildung der im Archiv des Wasserbauamtes Husum befindlichen Abzeichnung der Harcksen'schen Karte von 1804.

Ort und Stelle in Kenntnis zu setzen. Im Bericht über seine Reise heißt es: »Den 2ten Juli des 1825ten Jahres 3 1/2 Uhr kamen Se. Majestät der König Friedrich VI. von Pellworm hier an mit seiner Suite — dem Hofmarschall Hauck, dem Generalmajor von Bülow, dem Kammerherrn von Gössel und dem Major Ewald — besah die zertrümmerten Wohnungen in der Nähe und Ferne auf Ockenswarft und Hanswarft und bezeugte herzliche Theilnahme. Er logierte bey der Wittwe Stienke A. B. Hansen (Edleffs) auf Hanswarft, in dem schönsten Haus der Insel. Se. Majestät mußte den 2ten Juli hier über bleiben, da der Wind heftig aus Nordwest blies und die niedrigen Stellen unter Wasser gesetzt wurden, so daß der König einen Begriff von dem Schicksal der Halligen in dieser Hinsicht erhielt. Am folgenden Tage, dem 3ten Juli des Nachmittags um 2 Uhr, fuhren Se. Majestät von hier nach Föhr. Bei seiner Ankunft und seiner Abfahrt wurde er mit Jubel empfangen und entlassen. Er selbst rief zuletzt ein dreifaches Hurrah. Vortheilhaft möge dieser Besuch für unsere Insel sein.«

## Der »Königspesel«

Seit dem Besuch des Königs wird das Haus auf der Hanswarft der »Königspesel« genannt, obwohl »Pesel« ja nur einen Teil des friesischen Hauses, nämlich die gute Stube meint.

Erbaut hat den »Königspesel« der Kapitän Tade Hans Bandiks im Jahre 1776. Ungewöhnlich ist an diesem heute unter Denkmalsschutz stehenden Haus der vorspringende zweigeschossige, übergiebelte Mittelteil an der Längsfront, der es von anderen Hallighäusern unterscheidet. In diesem Mittelteil befindet sich der »Königspesel«.

Man betritt den »Königspesel« durch den schmalen Flur, dessen Wände schachbrettförmig mit Fliesen geschmückt sind. Es handelt sich dabei um blaue Sterne, die aus je vier Fliesen zusammengesetzt sind und um blaue Fliesen, die Landschaften und Personen in ländlicher Umgebung zeigen. Auf der linken Seite des Flures liegt die Döns, die Wohnstube, und rechts der eigentliche Königspesel, die gute Stube des alten friesischen Hauses. Sie wurde nur für festliche Gelegenheiten benutzt. Die Wände des Königspesels sind mit Fliesen ausgelegt, die biblische Motive aufweisen. Meist wird auf der Fliese auf die zugehörige Bibelstelle verwiesen. Um den inneren Türrahmen finden sich manganfarbige Pilasterfliesen. Links neben der Tür der Alkoven, das Wandbett, in welchem Friedrich VI. in der Nacht vom 2. zum 3. Juli 1825 schlief. Über dem Wandbett liest man den Spruch: »Wie Gott es füget, so mir genüget. Nur wünsche zu erwerben ein seliges Sterben.« Neben dem Wandbett sieht der Besucher den prächtigen Bileggerofen aus gußeisernen Platten, die aus dem Jahre 1669 stammen und ebenfalls biblische Szenen darstellen. Der Bileggerofen wurde früher aus der dahinterliegenden Küche beheizt, so daß die gute Stube frei von Asche und Schmutz blieb. Zu beiden Seiten des Bileggers findet sich ebenfalls ein Pilastersäulenpaar. Es rahmt das Schiffsfliesenbild ein, das der friesische Fliesenmaler Pals Karsten aus Harlingen gemalt hat. Es handelt sich bei dem Schiff um das Handelsschiff D'Anna Maria, das vermutlich dem Kapitän Tade Hans Bandiks gehörte, dessen Name oben links in der muschelartigen Umrandung des Bildes zu finden ist. Rechts findet sich der Name seiner Frau. Wahrscheinlich ging das Schiff, wie die Inschrift unter dem Bild ausweist, 1760 vor Schweden verloren. Über der Bildmitte liest man den Spruch »Tot hiertoe heeft ons den Heer geholpen« (= Bis hierher hat uns der Herr geholfen). — Mit den übrigen alten Möbeln, Bildern und den heute nicht mehr gebräuchlichen Hausgegenständen vermittelt der Königspesel uns ein anschauliches Bild der Halligkultur der Vergangenheit, wobei hervorzuheben ist, daß es sich hier um die gute Stube eines reichen und wohlhabenden Kapitäns handelt. Die meisten Halligbewohner besaßen weit weniger prächtige Häuser.

## Fliesen und Halligseefahrt

Das Leben auf der Hallig war durch viele Jahrhunderte hindurch gleichbleibend ärmlich und bescheiden. Lediglich das 17. und 18. Jahrhundert war für die nordfriesischen Halligen eine Zeit wirtschaftlicher Blüte. Damals waren die Niederländer eine Zeitlang die führende Seefahrernation. Ihre Handelsschiffe überquerten die Weltmeere, und mit ganzen Flotten von Schiffen segelten sie in jedem Frühjahr in die Arktis zum Walfang. Der wirtschaftliche Auf-

schwung der Niederlande im 17. Jahrhundert hatte seine Parallele in Nordfriesland, in dem die Seefahrt zur Haupterwerbsquelle wurde. Die Hallig- und Inselbewohner waren von Jugend auf mit der See in all ihren verschiedenen Erscheinungsformen vertraut. Ihre seemännische Tüchtigkeit und Erfahrung wurden von den Holländern sehr geschätzt, und so mancher Halligbewohner brachte es bis zum Kommandeur eines Schiffes. Um 1780 fuhren 30 Hooger als Kapitäne auf Handels- und Walfangschiffen. Gegen Ende des 18. und in der ersten Hälfte des 19. Jahrhunderts ging die Blütezeit der »Halligseefahrt« langsam zu Ende. Aber 1794 gab es auf Hooge immer noch 96 Seefahrer, davon 18 Kapitäne, 8 Steuerleute, 70 Bootsleute, Matrosen und Schiffsjungen. Auf kleinen Schmackschiffen verließen

Der sogenannte »Königspesel« auf der Hanswarft der Hallig Hooge. In diesem Haus übernachtete nach der Sturmflut von 1825 der Landesherr von Schleswig-Holstein, König Friedrich VI. von Dänemark. Er war zur Besichtigung der Schäden auf die Hallig gekommen und erlebte dabei ein »Landunter« , das ihn zu einer Übernachtung auf der Hallig zwang. Der »Königspesel«, den man besichtigen kann, vermittelt einen Eindruck von der altfriesischen Wohnkultur.

sie um die Zeit des Biikebrennens (21. 2.) die Hallig und segelten nach Amsterdam, wo sie rasch engagiert und gut bezahlt wurden. Die Vorliebe für Holland soll so weit gegangen sein, daß man lieber zu Hause blieb, wenn man auf holländischen Schiffen nicht ankommen konnte. Von den oben genannten 18 Hooger Kapitänen des Jahres 1794 führten 17 holländische Schiffe, einer ein Flensburger Schiff. — Im Jahre 1835 gab es auf Hooge nur noch 20 Seefahrer, darunter einen Kapitän. Die Glanzzeit der Seefahrt war zu Ende.

I. V. Sievertsen, einer der vielen von Hooge stammenden Kapitäne, schreibt in einem Lebensbericht: »Ich bin im Jahre 1766, den 3. Oktober, auf der Hallig Hooge von christlichen Eltern geboren. Meinen Vater habe ich nicht gekannt, Gott rief ihn in seinem Seeberuf zu sich, als ich etwa anderthalb Jahre alt war. Meine Mutter hinterblieb mit drei unerzogenen Kindern, von denen ich das jüngste war, in ganz dürftigen Umständen. Als die traurige Nachricht von dem Tode des Vaters einging, hat meine Mutter, die mich gerade auf den Armen trug, Gott gebeten, daß es ihm gefallen möge, auch mich zu sich zu nehmen, weil es ihr nicht möglich schien, uns alle drei zu ernähren. Der himmlische Vater wußte aber wohl, wie er ihr und ihren Kindern forthelfen wollte. Nachdem ich als Knabe drei Jahre den Hirtenstab geführt, begann mein Seeleben mit dem 11. und 12. Jahre. Acht Jahre mußte ich als Schiffsjunge dienen, weil ich wie David klein von Statur war. Was ich verdiente, gab ich der lieben Mutter. Mit der Zeit stieg ich stufenweise vom Matrosen zum Schiffskapitän. Als solcher habe ich in russischen Diensten drei Schiffe geführt. Das vierte wollten meine Herren mir aufdringen, was ich dankend ablehnte, da ich in zehn Jahren meine treue Frau und meine alte Mutter nicht gesehen hatte und sich mir andere Aussichten eröffneten, noch etwas zu verdienen. Gesund und wohl kam ich zu den Meinigen — und ich hatte auf ehrliche Art — also mit Gott — so viel erworben, daß ich die Schulden meiner Mutter und meiner Haushaltung bezahlen konnte und noch etwas als freies Eigentum behielt. Meine Mutter, die früher Gott um meinen Tod angefleht hatte, bekannte nun: Wie wenig wissen wir Menschen doch, was wir bitten. War doch ich — das jüngste Kind — ausersehen, die Mutter zu ernähren und zu pflegen.«

Die wirtschaftliche Blüte führte im 18. Jahrhundert dazu, daß viele Häuser auf der Hallig neu gebaut wurden. So wurde 1776 z. B. der »Königspesel« gebaut. — Äußeres Zeichen des erlangten Besitzstandes und Ansehens waren die Fliesen. Sie wurden in Holland in den Manufakturen von Delft, Harlingen und insbesondere in Makkum hergestellt. Mit den Fliesen schmückte man zunächst die Wände der guten Stube, des Pesels. War man finanziell dazu in der Lage, so wurden auch weitere Zimmer des Hallighauses mit einer Fliesentapete versehen. Kapitäne und Steuerleute, die finanzkräftig waren, ließen darüber hinaus von den großen holländischen Fliesenmalern ein Tableau des Schiffes anfertigen, mit dem sie zur See fuhren. Auf Hooge findet man in mehreren Hallighäusern solche mehrfliesigen Tableaus noch an ihrem ursprünglichen Ort, z. B. auf der Backenswarft, auf der Hanswarft im Königspesel und auf Mitteltritt/Lorenzwarft. Die Bilder dieser Häuser stammen meist von dem großen Fliesenmaler Pals Karsten. Daneben finden sich in mehreren Hallighäusern noch Reste der alten Fliesentapete. Diese Fliesen zeigen die verschiedensten Motive in meist kreisförmiger Einrahmung: Tiere, Landschaften, Schiffe, Blumen, Berufe, Spiele, groteske Wesen, Reiter, biblische Szenen, wobei oft auf die zitierte Bibelstelle hingewiesen wird. In den Ecken der Bildfliesen finden sich die verschiedensten Ornamentmuster, wobei man wiederum verschiedene Typen voneinander unterscheiden kann: stilisierte Spinnen, Lilien, Nelken und Ochsenköpfe. — Die Fliese als Wandschmuck ist aus dem Orient von den Mauren nach Spanien und Portugal eingeführt worden. Und hier findet man neben geometrischen Fliesenmustern auch riesige Wandgemälde, die sich aus 1000 und mehr Fliesen zusammensetzen. Sehr oft stellen diese großflächigen Fliesenbilder religiöse Themen dar. Die historische Verbindung zwischen den Niederlanden und Spanien bewirkte, daß man auch in den Niederlanden sich für diesen Wandschmuck interessierte. Es wurden die großen Manufakturen von Delft, Harlingen und Makkum gegründet. Die bestimmende Farbe der Fliesen wurde, nachdem zunächst auch mehrfarbige Fliesen hergestellt wurden, das Blau, das als Modefarbe aus China herüberkam. Die meisten Fliesen auf Hooge sind blau auf weißem Grund, aber es gibt auch einige manganfarbene Fliesen.

Das Ausgangsmaterial für die Herstellung der Fliesen ist der Ton. Er wird in quadratische Formen hineingestrichen und getrocknet. Beim Entfernen des Rahmens traten in den Ecken der Fliesen Druckstellen auf. Sie bilden ein wichtiges Kennzeichen für das Alter der Fliese. Neue Fliesen weisen diese stecknadelkopfartigen Erhebungen in den vier Ecken nicht mehr auf. — Nach dem ersten Brand erfolgt die weiße Zinnglasur. Mit einer perforierten Schablone und einem mit pulverisierter Holzkohle gefüllten Beutel werden dann die Umrisse des Bildes, das auf die Fliese gepinselt werden soll, aufgestäubt. Der Fliesenmaler malt sodann die Konturen nach und füllt die Flächen aus. Das erfordert eine sichere Hand. Jeder Pinselstrich ist unkorrigierbar. Jeder Fliesenmaler hatte aber seine eigene Handschrift, und so weisen motivgleiche Fliesen, die sich von ein und derselben Schablone herleiten, meist verschiedenartige Konturen auf. Im Anschluß an das Malen folgt der zweite Brand, der dann die blaue Bildglasur hervorruft.

# Warften

Die Bewohner der Halligen wohnen in Häusern, die auf Warften stehen. Das Wort »Warft« kommt vom Zeitwort »werfen«. — Warften sind künstlich aufgeworfene Erdhügel, die sich ca. drei Meter über das Niveau des übrigen Halliglandes erheben. Die Bewohner der Halligen leben seit alters auf solchen Warften, die auch Werften oder Wurten genannt werden. Schon der Römer Plinius der Ältere (23 bis 79 nach Chr.) berichtet von ihnen.

Plinius erzählt in einem Reisebericht von den Wohnstätten der Chauken, die längs der friesischen Küste zwischen Ems und Elbe im heutigen Ostfriesland wohnten. (Von dorther sind im Mittelalter übrigens die Friesen ins Gebiet der Uthlande eingewandert, das dann später den Namen Nordfriesland bekam.)

»Bei den Chauken überflutet der Ozean zweimal innerhalb von 24 Stunden in gewaltiger Strömung eine ungeheuer weite Strecke Landes. Indem er nun mit seinen Fluten den ewigen Kampf der beiden Elemente verhüllt, läßt er es unentschieden, ob man dieses Stück Erde dem Festlande oder dem Meere zurechnen soll. Hier haust das armselige Volk der Chauken auf Hügeln oder auf Gerüsten, die von Menschenhand nach Maßgabe des höchsten Flutstandes errichtet worden sind. Auf ihnen bauen sie ihre Hütten, so daß sie, wenn die ganze Umgebung von der Flut bedeckt ist, gleichsam in Schiffen leben. Hat sich aber die Flut verlaufen, so kommen sie einem wie Schiffbrüchige vor. In der Nähe ihrer Hütten machen sie

Jagd auf die Fische, die in dem zurückgehenden Wasser davonschwimmen. Ist es ihnen doch unmöglich, Vieh zu halten und sich von Milch zu nähren wie ihre Nachbarn. Ja, nicht einmal wilde Tiere können sie jagen, da in ihrer Nähe überhaupt kein Gesträuch wächst. Aus Schilf- und Sumpfbinsen flechten sie ihre Stricke, und aus diesen knüpfen sie die zum Fischfang nötigen Netze. Mit den Händen tragen sie Schlamm zusammen, lassen ihn mehr an der Luft als in der Sonne trocknen und benutzen dann diesen Torf zum Kochen ihrer Speisen und zur Erwärmung ihrer vom Nordwind erstarrten Glieder. Als Getränk dient ihnen einzig und allein das Regenwasser, das sie auf dem Vorplatz ihrer Hütten in Gruben auffangen. Und dennoch reden solche Völker von Knechtschaft, wenn sie z. B. heute von Rom bezwungen würden.«

Der letzte Satz kennzeichnet das Zivilisationsgefälle zwischen der römischen und der germanischen Kultur. Unsere Heimat war damals, aus den Augen eines Römers betrachtet, »Entwicklungsgebiet«. Ganz ähnlich betrachten wir ja heute die sogenannte »Dritte Welt.«

Wie wurden die Warften der Hallig gebaut? Zunächst suchte man einen günstig gelegenen Platz. Unabdingbare Vorbedingung war die Nähe eines Prieles, denn er stellte die wichtigste Verkehrsader der Hallig dar. Straßen gab es noch keine. Und erst nach der Gründung der Warften entstanden Fußsteige. Damals waren die Priele der Hallig noch viel zahlreicher als heute, wo viele Gräben und Priele verlandet und zugewachsen sind. Mit Ebbe und Flut reichte die Nordsee noch tief und weit in die Hallig hinein. So berichtet beispielsweise der Hooger Lehrer Johannes Plöhn, der von 1911 bis 1922 auf der Hallig tätig war, ältere Halligleute hätten ihm erzählt, ihnen sei überliefert worden, daß nach dem See- und Erdbeben, welches am 1. November 1755 die Stadt Lissabon zerstörte, eine große Welle bei Ebbezeit über das Watt in den Priel bei der Kirchwarft hineingelaufen sei. —

Heute dringen Ebbe und Flut nicht mehr regelmäßig in die Halligpriele und Halliggräben hinein, weil man sie durch künstliche Wehre daran hindert. Das Wasser soll in den Gräben aufgestaut bleiben, damit das Vieh nicht ausbricht und auf seinen Fennen bleibt. —

Wenn man die Warften der Hallig einzeln betrachtet, so liegen sie alle ohne Ausnahme an einem Priel; auch Volkertwarft und Mitteltritt, nur sind die Priele dort verlandet und fast zugewachsen und deswegen nicht mehr leicht erkennbar. Diese Priele zu den Warften waren früher lebensnotwendig. Auf ihnen wurden mit Booten Lasten an die Warften herantransportiert. Dazu mußte man natürlich immer auf die Flutzeit warten. Auch das geerntete Heu kam mit Booten an die Warften, nachdem es zuvor, in große Laken gebunden, auf die Schiffe getragen worden war. —

Man begann den Warftbau, indem man einen Platz absteckte, der die geplante Größe hatte. Alle Grassoden wurden hier sodann ausgestochen und gestapelt, weil man sie später wiederum zum Schutz der Böschungen benötigen würde und weil man sie für das Aufsetzen der Brunnen (Soode), in denen man das Trinkwasser auffangen wollte, brauchen würde. Auch für die Befestigung der Hausfirste wurden Grassoden verwandt. Nachdem man den Platz für den Fething, mit dessen Wasser das Vieh getränkt werden sollte, den Platz für das Haus und für die Trinkwasserzisterne festgelegt hatte, konnte mit dem Aufwerfen der Erde begonnen werden. Die »Warft« erhob sich allmählich über das Halligland. Den Raum für den Fething und für den Sood sparte man natürlich aus. Letzteren setzte man während des Anwarftungsprozesses Meter für Meter in Form einer großen Flasche aus Grassoden auf. Schubkarre für Schubkarre wurde dann Klei herangekarrt. Alte Halligleute erzählen, daß auch Frauen mit ihren Schürzen dabei halfen. Das Material für die neue Warft entnahm man dem Halligkörper, wie dies auch bei den Warfterhöhungen und -verbreiterungen in den sechziger Jahren geschah. (Man sieht die großen Baggerlöcher noch heute bei den einzelnen Warften.) Nach dem Erbauer der Warft bzw. nach seiner Familie wurde die Warft dann benannt.

Wenn sich die Erde abgelagert hatte, dann konnte man mit dem Bau des »Ständerhauses« auf der Warftkuppe beginnen. Die Bauweise des Halligหauses war eine andere als die auf dem Festlande:

Bäume und Sträucher sind auf der Hallig selten; sie haben es schwer, gegen den ständig wehenden Wind großzuwerden. Ein Blick von der Mitteltritt nach Osten. Am Fuß der Warft befindet sich der Pfahl der ehemaligen Bockmühle, die hier stand. —
Dicht bei der Westerwarft befindet sich ein großes Baggerloch, dessen Aushub zur Erhöhung der Warft verwandt wurde.

Man baute zunächst ein Holzgerüst, bestehend aus starken senkrechten Eichenpfählen, den »Ständern«, die tief in den Warftboden hinabreichten, oft mit Steinen umpackt wurden und in der Tiefe mit Querbalken miteinander verbunden waren. Dazu kamen die Querbalken, die diese Ständer in Dachhöhe miteinander verbanden. Der Abstand zwischen den einzelnen Ständern und Dachbalken betrug ungefähr 1,80 m. Das war ein »Fack« (Fach). Wenn dieses »Hausgerippe« fertiggestellt war, wurden die Wände aus Ziegelsteinen (ganz früher waren es Grassoden) aufgesetzt, wobei Lehm als Bindemittel diente, weil Kalk und Zement zu teuer waren. Die Ecken wurden oft zusätzlich mit Eichenpfählen befestigt. Ein solches Ständerhaus hatte den Vorteil, daß bei Sturmfluten der Dachboden zum Rettungsort werden konnte, ganz wie bei den Rettungsbaken für Schiffbrüchige auf den Sandbänken, z.B. auf dem Hooge nahe gelegenen Süderoogsand. Denn wenn die Wellen die Wände, die dem Wasser eine große Angriffsfläche boten, zerschlagen hatten, dann hielten die Ständer, die das Dach trugen, immer noch dem Anprall der Wogen stand, und man war mit seiner wenigen Habe, die man vor der Flut auf den Boden getragen hatte, gerettet. Nach einer Sturmflutkatastrophe war es möglich, das Haus wieder aufzubauen. Die Ziegel lagen dann lose um die Warft verstreut herum. —

Die Hallighäuser waren sehr niedrig und in Ost-West-Richtung gebaut, damit sie dem Wind weniger Angriffsfläche boten. Große Warften wie z.B. die Hanswarft haben deswegen eine Norder- und eine Süderreihe mit bebauten Warftplätzen.

Wie Untersuchungen ergeben haben, waren die Anlage der Warften, der Hausbau und die Süßwasserversorgung schon in den ersten Besiedlungszeiten so, wie es hier beschrieben wurde. Jahrhundertelang hat sich hieran nichts geändert.

Die Bewohner der Warft versuchten immer wieder, ihre Warft zu erhöhen, sei es, daß sie die anfallende Asche auf die Wege in den Warften streuten, sei es, daß sie weitere Erde ankarrten, um sich vor dem Hause einen Garten anzulegen. Wurde der Neubau eines Halighauses nötig, so wurde es stets auf einem höheren Niveau als das vorherige Haus gebaut. Man hatte aus den bösen Erfahrungen der verschiedenen Sturmfluten gelernt, die die Hauswände einschlugen und nur die Ständer stehenließen. So findet man dann auch zuweilen in der Tiefe des Halliggartens das alte Steinpflaster eines Weges.

Und die Vermessungssteine der alten Warftinnenwege finden sich oft einen Meter unter dem heutigen Weg. Regelmäßig kamen solche Warfterhöhungen nach den großen Sturmfluten vor: 1825 wurden auf Geheiß des dänischen Königs nach der Flutkatastrophe die Warften um eineinhalb Fuß erhöht. Und nach der Sturmflutkatastrophe von 1962 lief das Warfterhöhungsprogramm im Rahmen des »Programms Nord« an, das die Halligwarften auf eine Höhe von durchschnittlich drei Metern über Mittlerem Tidehochwasser (MTHW) brachte und ihnen das Profil eines Deiches gab, auf dem die Wellen sich ausrollen. Zugleich wurden die Warften verbreitert und in ihrer Form abgerundet. Ein vier Meter breiter Streifen an der Warftkante soll unbebaut bleiben und dem Schutz des Warftkörpers dienen.

Die Hallig Hooge hat heute neun bewohnte Warften (Backenswarft, Kirchwarft, Hanswarft, Ockenswarft, Ockelützwarft oder Schulwarft, Mitteltritt/Lorenzwarft, Volkertswarft, Ipkenswarft und Westerwarft) und eine unbebaute Warft (Pohnswarft). In früheren Jahren ist die Zahl der Warften beträchtlich höher gewesen, wie auch die Hallig wesentlich größer war. So hat es nach der Schulchronik 1758 auf Hooge 16 bewohnte Warften gegeben, und nach einem im Pastoratsarchiv befindlichen Aktenstück, das von den drei ältesten Halligbauern am 23. 4. 1653 abgefaßt wurde, gingen in den Sturmfluten 1593 bis 1653 auf Hooge sieben Warften verloren. So ergibt sich eine Zahl von 23 Warften für das Jahr 1593. Seit diesem Jahr sind also für Hooge 12 Warften verlorengegangen. Sie haben gewiß auf den Wattflächen rings um die Hallig gelegen. An mehreren Stellen findet man im Watt noch ihre Spuren. Die Namen der Warften sind noch bekannt. Sie hießen Boyenswarft, Siewertswarft oder Schorkscheswarft, Fedder-Hummerwarft, Fedder-Bandixwarft, Groß- und Klein-Süderwarft. Ferner kommt noch die Haynshallig hinzu. — Johannes Plöhn ermittelte nach Angaben älterer Einwohner der Hallig Hooge, die als Kinder die untergegangenen Warften oder deren Reste noch gekannt hatten, für die nachstehend genannten Warften die folgende Lage. Teilweise kann man im Watt noch die Spuren dieser Warften feststellen:

1. Boyenswarft lag nördlich von Ockelützwarft und nordwestlich von der großen Schleuse. Sie soll schon 1800 nicht mehr bewohnt gewesen sein.

2. Siewerts- oder Schorkscheswarft lag 20 Minuten vom Ufer in

südwestlicher Richtung des Staketts zwischen Ockelützwarftsland und Ockelützwarftsfenne, also südlich Lorenzwarft. Diese Warft war schon 1825 halb zerstört und unbewohnbar.

3. Groß- und Klein-Süderwarft lagen in kurzer Entfernung südwestlich von der Süderfenne, d. h. etwa südlich Hanswarft.

4. Fedder-Bandixwarft lag in kurzer Entfernung vom Ufer südlich von Hanswarft, fünf Minuten östlich von Groß- und Klein-Süderwarft. Diese drei Warften wurden 1825 zerstört. Alle Bewohner ertranken.

5. Wo Fedder-Hummerwarft gelegen hat, läßt sich nicht mehr ermitteln.

6. Zu Hooge gehörte ferner früher auch noch die Haynshallig, nordöstlich von den Ländereien der Hanswarft. An sie erinnern noch ein Priel im dortigen Watt, der Haynshallig-Ley heißt, und der aufgerichtete Grabstein ihrer letzten Bewohner an der östlichen Kirchenmauer.

## Der Halligdeich

Daß die Halligen Nordfrieslands heute noch vorhanden sind, ist das große Verdienst Dr. Eugen Traegers, den die Halliggemeinde Hooge einst zu ihrem Ehrenmitglied machte. Er, der aus Westpreußen stammte, setzte sich in den letzten Jahrzehnten des vergangenen Jahrhunderts für die Befestigung der Halligen ein, die er in ihrer rauhen Schönheit lieben gelernt hatte. Er verstand es, die Öffentlichkeit in Wort und Schrift auf die »sterbenden Halligen« aufmerksam zu machen, die Jahr um Jahr regelmäßig einen Landstreifen von

---

Mit welcher Gewalt die Wellen einer Sturmflut an die Steinkante des Halligdeiches schlagen, zeigt dieses Bild, das nach einer schweren Sturmflut am Hooger Deich aufgenommen wurde. —
Für die Erhaltung des Steindeichs rings um die Hallig ist das Amt für Land- und Wasserwirtschaft in Husum verantwortlich. Schuten bringen Steine nach der Hallig, die als sogenannte Vorschüttung der Steinkante größere Sicherheit verleihen.

mehreren Metern Breite verloren, und dies unabhängig von den eventuellen Sturmfluten, sondern lediglich durch die gewöhnliche Flut, die stetig mit ihren kleinen Wellen an der Halligkante nagte. Traeger gelang es, das Gewissen des preußischen Staates aufzurütteln: 1890 wurde mit den ersten Küstenschutzmaßnahmen an den Halligen begonnen. Alle bewohnten Halligen wurden in der Folgezeit mit einer Steinkante eingefaßt. Traegers Lebensziel ist somit verwirklicht worden.

Die Hallig Hooge erhielt in den Jahren 1911 bis 1914 einen Deich, dessen Kosten sich auf etwa eine Million Mark beliefen. Dieser 11,070 km lange Deich umgürtet die gesamte Hallig. Sein Fuß ist mit Granit- oder Basaltsteinen gesichert. Eine Abbruchkante gibt es deswegen um die Hallig herum nicht mehr: Hooge kann nun nicht mehr kleiner werden. Lediglich an den Kanten der Priele innerhalb der Hallig geht durch das ein- und ausströmende Wasser heute noch Halligland verloren. Hier kann man im übrigen noch heute genau die einzelnen Sedimentationsschichten erkennen, die die Hallig aufbauten. So wie die Prielkanten in der Hallig sah früher deren Außenkante aus. Durch den Deichbau wurde die Entwässerung der Hallig nach einer Sturmflut zu einem besonderen Problem. Früher hatte die Nordsee mit einer Vielzahl von Prielen in die Hallig hineingelangt. Auch in der Hallig hatte man Ebbe und Flut beobachten können. Seit dem Deichbau wird die Hallig durch drei Siele entwässert, sie befinden sich im Norden und Osten der Hallig. In der Hallig staute man das Wasser auf, damit das Vieh die Gräben als Grenze zum Nachbargrundstück respektierte. Für die Entwässerungsangelegenheiten gibt es auf Hooge einen besonderen Sielverband. Der Deich ist seit 1970 ganz in die Obhut des Landes Schleswig-Holstein übergegangen. Der Deich schützt die Hallig gegen kleinere Sturmfluten. Er wird von der Kraft der Nordsee ständig beschädigt, und

---

Auf der Hallig Hooge verdienen fünf Familienväter ihr Brot mit Arbeiten zur Erhaltung der Hallig. Hier wird im Westen eine Steinlahnung ins Meer hinausgebaut, die eine starke Meeresströmung von der Halligkante fernhalten soll. — In den Sommermonaten muß auf der Hallig hart gearbeitet werden. Das Haus ist mit Gästen gefüllt, und die Heuernte muß möglichst schnell unter Dach und Fach gebracht werden.

fünf Deicharbeiter, die vom Marschenbauamt Husum angestellt sind, finden hier im ganzen Jahr Beschäftigung. Sie bauen ferner zusätzliche Buhnen und Lahnungen, um den Deich zu entlasten.

Trotz des Deiches bleibt Hooge eine Hallig, denn Überschwemmungen durch das salzige Nordseewasser — das charakteristische Merkmal einer Hallig — gibt es hier weiterhin. Durch den niedrigen Sommerdeich ist die Zahl der jährlichen Überschwemmungen (»Landunter«) allerdings wesentlich geringer geworden als bei den anderen Halligen, die nur von einer Steinkante eingefaßt sind. Eine Folge davon ist, daß das Halligland auf Hooge nicht mehr in gleichem Maße wie früher in die Höhe wächst. Viele Sturmfluten, die das Land überfluten, legen Schlickschicht auf Schlickschicht und lassen das Halligland schnell höher wachsen, wenige »Landunter« verringern die Zuwachshöhe.

In alten Zeiten gab es im Süden von der Hanswarft, der Ockenswarft und der Backenswarft kleine Köge. Das waren Felder, die von kleinen Deichen umgeben waren. Sie waren dazu bestimmt, die Heuernte zum Trocknen aufzubewahren, damit nicht ein kleines Landunter, wie es früher im Sommer immer einmal vorkommen konnte, das gemähte Heu entführen konnte. Möglicherweise dienten sie aber auch dem Anbau von Hackfrüchten. Diese Köge sind heute kaum noch zu entdecken. Ihre »Deiche« sind nur noch 20 bis 30 cm hoch. Was ist geschehen? Die ständigen Überflutungen im Herbst und Frühjahr haben immer die ganze Hallig bedeckt, auch das Land in den Kögen also. Zu beiden Seiten der Deiche der Köge wuchs das Land Schicht um Schicht in die Höhe, bis die Deiche kaum noch sich vom sie umgebenden Land unterschieden. Dies ist ein deutlicher Hinweis darauf, daß die Hallig ständig sich erhöht. Die Perspektive eines Menschenlebens ist allerdings kaum geeignet, diesen Wachstumsprozeß wahrzunehmen, der aus erdgeschichtlicher Perspektive sich sehr schnell vollzieht.

Der die Hallig umgebende Deich schützt also vor kleinen Landuntern. Dies hatte zur Folge, daß sich im Verlauf weniger Jahre die gesamte Halligflora veränderte; denn Halligflieder, Andelwiesen, Strandastern und Wermut bedeckten früher viel größere Flächen. Da sie jedoch auf Salzwasser angewiesen sind, dieses ihnen aber seltener zufließt, mußten sie dem Rot- und dem Weißklee und anderen typischen Süßwasserpflanzen weichen. Das bedeutet für die Halliglandwirtschaft eine wesentliche Qualitätsverbesserung. In gewisser

Weise hat durch die Flora die Hallig Hooge Inselaussehen bekommen. Typischer für die Hallig von früher sind die Halligen Süderoog oder Gröde.

## Die Halliglandwirtschaft

Seit alters bildete die Landwirtschaft die Grundlage der Existenz der Halligleute. Das Weideland und das Meedeland, das für die Heugewinnung genutzt wurde, war das Grundkapital der Halligbauern. Von ihrem Ertrag in Gestalt von Kühen, Ochsen, Kälbern, Schafen, Lämmern mußten die Halligleute ihren Lebensunterhalt bestreiten. Er war oft kümmerlich, denn Sturmfluten beeinträchtigten ihn oft erheblich: Das Vieh ertrank, und Häuser und Ställe wurden vom »Blanken Hans« zerschlagen. Dennoch harrte man meist hier aus. Die besonders starke Gefährdung bewirkte ein besonders starkes Heimatgefühl.

Bis zum Jahre 1938 war das Halligland auf Hooge im Allgemeinbesitz, d. h. auf Hooge galt die altgermanische Wirtschaftsverfassung der Allmende, doch nicht in reiner Form, sondern modifiziert. Das Halligland war nicht allgemeiner Besitz der Halliggemeinde, sondern es war warftenweise aufgeteilt. Zu jeder Halligwarft gehörte ein bestimmtes Stück Grasland, das als Weidefläche genutzt wurde, und ferner ein Stück »Meedeland« für die Heugewinnung. Jede Warft bildete einen »Bohl«. Dieses aus dem Friesischen stammende Wort bedeutet so viel wie »Interessengemeinschaft«. Wer zu einem Bohl gehörte, war Teilhaber an den dem Bohl gehörenden Ländereien. Diese waren meist ca. 30 ha groß. Die große Hanswarft bildete zwei Bohls, den Norder- und den Süderbohl. Die dem Bohl gehörenden Fennen (Wiesen) wurden gemeinsam gegräst. Das bedeutete aber nicht, daß jedes Bohlsmitglied die gleiche Anzahl Vieh auf die Fenne zum Gräsen schicken konnte, sondern jedes Bohlsmitglied besaß bestimmte Anteile am Weideland. Diese Anteile wurden in »Notsgras« gemessen. Auch dieses Wort kommt aus der friesischen Sprache. Das friesische Wort »Nuot« bedeutet »Rind«. Die Maßeinheit für das Weiderecht war also die Grasmenge, die ein Rind zum

Leben benötigt. Statt eines Rindes konnten auch vier Schafe, acht Lämmer, zwei Stück Jungvieh oder sechs Kälber gegräst werden. Untereinheiten des Notsgrases waren das Kalbsgras und das Lammsgras. Die einem Interessenten gehörenden Anteile an dem Bohl konnten verpachtet werden, und sie konnten natürlich auch vererbt werden. Der »Bohl« wurde von einem Kurator verwaltet. Dieses Amt mußte jeder Bohlsinteressent auf ein Jahr übernehmen. Er hatte dann darauf zu achten, daß stets die richtige Anzahl Vieh auf die Fenne getrieben wurde. Außerdem hatte er in seinem Amtsjahr die Grenzgräben zu reinigen und die Einfriedungen auszubessern.

Die Einrichtung der Bohlsbrüderschaften bezog sich ebenso auf das Meedeland, das der Heugewinnung diente. Dieses Meedeland wurde zu Beginn der Heuernte in einzelne Partien aufgeteilt, in die sogenannten »Schifften«. Es waren dies lange Streifen des Heulandes, die von den einzelnen Interessenten des Bohls für sich abgeerntet werden durften. Ein »Schifft« war also keine bestimmte Maßeinheit. Die Schifften zogen sich streifenartig über das Meedeland und wurden mit jährlicher Abwechslung unter die Interessenten des Meedelandes verteilt, damit jeder Abschnitt des Meedelandes im Verlaufe der Jahre jedem Bohlsmitglied einmal zugehörte. Streifen minderer Qualität bzw. besserer Qualität hatte jeder Bohlsinteressent auf diese Weise im Verlaufe einer Periode je einmal als Ernteland. Die Aufteilung erfolgte mit dem Meedschiffterstock, der heute noch in einigen Hallighäusern aufbewahrt wird. Wieviele Schifften jeder beanspruchen konnte, war genau festgelegt. Seine Anteile waren im Meedschifftebuch, das bei dem Kurator des Bohls aufbewahrt wurde, verzeichnet.

Man sieht, daß auf Hooge von einer konsequenten Allmendeverfassung, wo das ganze nutzbare Land der gesamten Gemeinde gehört, nicht die Rede sein kann. Doch ermöglichte die Bohlsverfassung immerhin, daß die jährlichen Verluste an Halligland die Bohlsbrüder gemeinsam trafen. Während der Sturmfluten vom 7. bis 12. Februar 1894 ging z. B. an der Süd- und Westseite der Hallig eine Fläche von 4 bis 5 1/2 Metern Breite verloren. Dieser Verlust wurde durch die Bohlsverfassung »sozialisiert«. Die einzelnen Warften aber wurden durchaus unterschiedlich von Landverlusten getroffen. So gaben die Bewohner der Westerwarft 1866 ihren Landbesitz auf, weil das zu dem Westerwarftbohl gehörende Land als Existenzgrundlage nicht mehr ausreichte.

Die Hooger »Allmendeverfassung« verlor ihre innere Berechtigung, als in den Jahren 1911/14 der Halligbestand durch die Eindeichung konserviert wurde. Es sollte dann noch 25 Jahre dauern, bis das Halligland privatisiert wurde. Das Verfahren wurde in den Jahren 1937 bis 1941 vom Kulturamt Flensburg unter Beteiligung des Reichsarbeitsdienstes durchgeführt. Damals entstanden die schnurgeraden Grenzgräben in der Hallig. Maßgeblich beteiligt an dem Umlegungsverfahren war der damalige Bürgermeister Max Kühn. Grundlage der Privatisierung waren die Notsgrase und die »Schifften«, wie sie in den Statuten der Bohlsbrüderschaften und in den Meedschifftebüchern festgehalten waren. Jetzt erhielt jeder Halligbauer auf Grund dieser Urkunden sein eigenes Stück Land. An die Stelle der extensiven Landwirtschaft trat die intensive Bewirtschaftung des Halliglandes. Die Wirtschaftsstruktur der Hallig wurde erheblich verbessert. Statt 180 Rindern wurden nun 600 Stück Vieh auf der Hallig gegräst. An dieser Vermehrung des Viehbestandes ist zu sehen, daß die Allmendeverfassung sehr starr war und der Entwicklung keinen Raum bot. Mit der Privatisierung des Halliglandes wurde auch das Entwässerungssystem wesentlich verbessert. Jetzt entstand auch ein Wirtschaftswegenetz mit einer Länge von 10,7 km, das die Warften miteinander verband und vor allem den Einsatz von Pferd und Wagen bei der Heuernte ermöglichte. Vorher gab es im wesentlichen nur Fußsteige, die von Warft zu Warft führten und die Priele mit schmalen »Stöcken« (Stegen) überbrückten. Stellenweise sieht man heute noch die eichenen Pfeiler dieser Stöcke an den Prielen.

Bis zur Mitte der sechziger Jahre blieb die Halliglandwirtschaft die hauptsächliche Existenzgrundlage der Halligbevölkerung. Dann gewann in zunehmendem Maße der Fremdenverkehr an Bedeutung, wie auch aus den Zahlen am Ende des Buches zu ersehen ist. Die Anzahl der Betten nahm zu, die Übernachtungen wurden zahlreicher, und immer mehr Gäste kamen zum Urlaub auf die Hallig. Die landwirtschaftlichen Betriebe auf Hooge waren im allgemeinen zu klein, als daß sie noch als Vollerwerbsbetriebe existieren konnten. Zahlreiche Bauern gaben im Laufe der Zeit ihren landwirtschaftlichen Betrieb auf und verpachteten ihr Land. Zur Quelle ihres Lebensunterhaltes wurden jetzt die Badegäste, einmal die immer zahlreicher werdenden Tagesgäste, die nur für wenige Stunden als Ausflügler auf die Hallig kommen und in den Gastwirtschaften einkehren, zum anderen die Dauergäste, die auf der Hallig ihren ganzen Urlaub verbringen. Hier boten sich ehemaligen Landwirten vielfältige Möglichkeiten, ihren Lebensunterhalt zu bestreiten. Das freigewordene Halligland pachteten einige wenige »Großbauern« zur eigenen Nutzung. In vielen Fällen nahmen die Landwirte, die auf eigene Viehhaltung verzichtet hatten, in den Sommermonaten Vieh vom Festland in »Pension«. Dieses Vieh grast dann ihre Fennen ab, die nun nicht mehr gemäht zu werden brauchen. Durch diese Entwicklung standen nun zahlreiche Ställe und Geräteräume leer. Sie wurden für den Fremdenverkehr zu Appartements, zu Gastwirtschaften, zu Jugendheimen oder zu Ausstellungsräumen umfunktioniert. Eine genauere Schilderung dieses Wandlungsprozesses findet sich im Kapitel »Strukturwandel«.

Abschließend soll gesagt werden, daß für die Hallig als Landschaftsform die Landwirtschaft existenznotwendig und unabdingbar ist. Die Hallig darf nicht brachliegen. Sie würde dann versteppen. Für den Fremdenverkehr, der jetzt zu einer grundlegenden Existenzbedingung der Hallig geworden ist, würde die Hallig ohne Landwirtschaft ihren Glanz und ihre Anziehungskraft verlieren. Brachliegendes Land würde auf der anderen Seite die Festigkeit der Grasnarbe beeinträchtigen. Der Boden würde roh werden, und bei Sturmfluten würden Auskolkungen entstehen. Die Halligerde würde angegriffen und fortgeschwemmt werden, und die Hallig würde im Lauf der Zeit ihre Funktion als Wellenbrecher für die Festlandsdeiche verlieren. — Die Halliglandschaft bleibt für immer mit der Landwirtschaft verknüpft. Grasendes Vieh gehört unter den hohen Himmel der Hallig.

## Die Landwirtschaft früher

Lehrreich und interessant ist ein Blick in die Vergangenheit. Johannes Plöhn beschreibt die Heuernte auf der Hallig Hooge, wie sie vor dem Ersten Weltkrieg betrieben wurde:

»Wenn zu Anfang des Sommers nach dem Meedschiffterbuch

das Meedeland an die einzelnen Besitzer verteilt ist, so beginnen meistens mit dem 24. Juni die Halligbauern ihre einzige Ernte, die Heuernte, welche sich bis in den September hinein erstreckt. Das Gras muß überall mit der Sense geschnitten werden, weil Mähmaschinen infolge der vielen ›Ameisenquasten‹ (Ameisenhügel) nicht angebracht sind. Gewöhnlich haben mehrere Bauern einen ›Plog‹ Mäher (3 bis 4 Mann) gemeinschaftlich von Pellworm her angenommen. Es tun sich gern mehrere Landleute zusammen, indem sie die Mäher abwechselnd bei sich arbeiten lassen, weil sie sonst nicht, wenn ihr ganzes Meedeland auf einmal abgemäht würde, die Bearbeitung des Heus vollbringen könnten; denn das 1/2 Fuß hohe Gras muß über große Flächen zusammengeharkt werden. — Nachdem die Mäher nachts um drei Uhr den Morgenkaffee genossen haben, arbeiten sie bis 6 Uhr. Dann erwartet sie schon auf dem Felde der Breitopf. Ist dieser geleert, so arbeiten sie mit frischer Kraft bis 8 1/2 Uhr. Hierauf bekommen sie ihr Frühstück. Bereits um 11 1/2 Uhr wird die Sense geschärft, und um 12 Uhr ist Mittag. Hieran schließt sich eine 2 1/2 Stunden lange Mittagspause. Dann wird Kaffee getrunken und im Anschluß daran unverdrossen gemäht bis fünf Uhr, worauf eine halbe Stunde Vesperzeit ist. Um 6 1/2 Uhr wird für den nächsten Tag die Sense geschärft, und damit hat jeder Mäher seinen 3 bis 4 Mark hohen Tagelohn verdient neben der Kost.

Die Bearbeitung des Halligheus erfordert lange Zeit. Vor der Eindeichung wurde das eben abgemähte Gras an allen niedrigen Stellen zu viereckigen Beeten auf höhere Stellen zusammengetragen und geharkt. Auf höher gelegenen Stellen ließ man die Schwaden liegen und harkte nur von beiden Seiten das verstreut liegende Gras heran. Letzteres wird nach der Eindeichung fast überall getan. Die ›Meed‹ ist sehr verschieden: So kann man das reine Gras schon nach acht Tagen mit der Harke umkehren, während das blätterreiche Gras drei Wochen liegen muß, ehe die obere erste Seite reif ist. Der Halligbauer wünscht während dieser Zeit reichlich Sonnenschein, doch kann das blätterreiche Gras sehr gut Regenschauer vertragen, weil es sonst als Heu den Schafen zu kräftig ist. Nachdem das Heu umgekehrt ist, wird es binnen kurzem zusammengebracht in ›Klampen‹ oder ›Ruuken‹ oder sofort nach Hause geschafft. »Klampen« sind längliche, »Ruuken« dagegen runde Diemen. Bei der Einbringung des Heues benutzt man 1 bis 1 1/2 m lange quadratische Laken, welche mit den Ecken, vollgepackt von Heu, kreuzweise zusammengebunden werden. Ein solches Heubund wiegt 50 bis 70 Pfund. Jeder Halligbauer besitzt 20 bis 30 dieser Laken. Die ›Heubünde‹ werden nach Hause geschafft mittels Boot, Handwagen, Schiebkarre und Fuhrwerk. Auf eine Karre legt man 1 bis 2 Bund, in ein Schiff zehn bis dreißig, auf den Handwagen 7 bis 12, und das Fuhrwerk schafft 16 bis 20 Bund auf einmal nach der Warft. Von der Warftböschung werden die einzelnen ›Heubünde‹ auf dem Kopfe bis zur Bodenluke getragen und auf dem Heuboden entleert. Nach der Eindeichung wird das Halligheu länger, so daß man vielfach bei den Fuhrwerken die Heugabel benutzt und Fuder aufsetzt. Diese werden je nach Beschaffenheit des Hauses entweder direkt vor die Luke gefahren oder auf der Warftböschung abgestürzt und von dort vermittels Heulaken nach dem Boden befördert. Der Halligbauer muß mit seinem Bodenraum sehr haushälterisch umgehen, wenn er sein Heu im Hause bergen will.«

## Fennebrief für Ockelützwarfts-Bohl

Nachstehend findet sich ein Fennebrief für die Warftgemeinschaft der Ockelützwarft, der bis zur Auflösung der Allmendeverfassung 1938 Grundlage der landwirtschaftlichen Nutzung der Ländereien, die zu dieser Warft gehörten, war:

§ 1

Es hat gegenwärtig in der zum genannten Bohl gehörenden Fenne oder Gemeindeweide:

| | | | |
|---|---|---|---|
| Broder N. Diedrichsen | 7 Nothsgras | 6 5/6 | Lammsgras |
| Hans H. Diedrichsen | — — | 3 15/16 | Lammsgras |
| Hinrich Andresen | 4 Nothsgras | 7 29/16 | Lammsgras |
| Bandik Boysen sen. | 8 Nothsgras | - 29/48 | Lammsgras |
| Marten Brodersen | — — | 5 5/6 | Lammsgras |
| Sönke Ingwersen | — — | 3 5/24 | Lammsgras |
| Die Größe der Fenne ist also: | 22 Nothsgras | 3 23/32 | Lammsgras |

§ 2

Auf einem Nothsgras oder Gräsung für eine Kuh können 2 Starke (weibliche Jungtiere) oder 2 einjährige Stück Vieh, 4 Schafe, 6 Kälber oder 8 Lämmer weiden. Eine Quie (weibliches Jungtier), die zwei Jahre alt ist, gebraucht 4 Kalbsgras zur Grasung. Pferde und Gänse werden nicht geduldet.

§ 3

Den 11. Mai wird das Hornvieh auf die Weide gebracht und Martini wieder davon abgenommen. Wenn jedoch alle Interessenten sich darüber vereinigen, kann ersteres früher und letzteres später geschehen.

§ 4

Von Neujahr bis zum 11. Mai dürfen nur 1 1/2 Schafe auf ein Nothsgras oder 3 Schafe auf zwei Nothsgras gehalten werden.

§ 5

Die Lämmer der einjährigen Schafe, sowie die, welche nach dem 11. Mai fallen, gehen frei.

§ 6

Bis zum 11. Mai können die Schafe ungehindert auf dem Meedelande wie in der Fenne weiden.

§ 7

Um zu verhindern, daß keine fremden Schafe oder solche, wozu kein Land in der Fenne vorhanden ist, auf die Weide kommen, soll jedes Schaf und Lamm zum 1. Mai mit einem sogenannten »Fennemark« versehen sein. Auch soll regelmäßig im Winter einmal, und zwar zu Neujahr, und im Sommer zweimal, das erstemal den 18. Mai, Nachzählung gehalten werden.

§ 8

Es soll jedes Jahr von einem der auf Ockelützwarft wohnenden Interessenten ein Zugbock gehalten werden. Die Haltung desselben geht rund (wechselt umschichtig). Dieser Bock hat freie Gräsung in der Fenne.

§ 9

Die Soden zu den Häusern (für die Dachfirste), wie auch alle anderen, müssen an den gewöhnlichen Stellen gewonnen und die Löcher wieder aufgefüllt werden.

§ 10

Der Bohlscurator ist dafür verantwortlich, daß diese Vereinbarungen genau nachgelebt werden.

Hooge, den 1. Dezember 1863 gez. B. Boysen sen.

# Fischerei

Hooge liegt zwar mitten in der Nordsee, aber die Fischerei als Erwerbsquelle hat für die Halligbewohner kaum eine wirtschaftliche Rolle gespielt. Daß jemand seine Existenz ganz von der Fischerei abhängig machte, kam in der Vergangenheit aus vielen Gründen nicht vor. Man war auf Hooge allerdings stets im Nebenberuf Fischer, d. h. man nutzte das die Hallig umgebende Watt als Fanggebiet für den Hausgebrauch. Man fing mit der Porrenglieb in den Prielen Porren (»Krabben«) und siebte im Handverfahren die größeren heraus. Zu Hause angekommen, kochte man die Porren dann in Salzwasser und schälte sie aus ihrem Panzer heraus. Man legte sie sauer in Essig ein, oder man salzte sie in großen Steinguttöpfen ein. Um auf diese Weise für den Winter vorzusorgen, mußte man sehr oft auf das Watt hinausziehen, vor allem dann, wenn die Familie groß war. Ähnlich verfuhr man hinsichtlich des Fischfanges, der besonders in den Notzeiten nach dem ersten Weltkrieg an Bedeutung gewann. Man legte mit Buschwerk im Watt Fischgärten an, in denen dann zur Ebbezeit die Fische, die den Ausgang nicht hatten finden können, herumzappelten. Oder man legte Angelschnüre aus, deren Köder dann von der herankommenden Flut bedeckt wurden. Bei Ebbezeit mußte man sich beeilen, die eventuell gefangenen Fische einzusammeln, denn die Seevögel sind stets überaus hungrig, und zur Ebbezeit ist das Watt ihr natürlicher Mittagstisch. Auch das Buttprikken, das man zur Ebbezeit mit einer mehrzinkigen Harpune in den Prielen betrieb, bereicherte den Mittagstisch der Halligleute. — In neuerer Zeit ist noch der Aalfang hinzugekommen. Man fängt in Reusen die Aale, die zum Überwintern in die Halliggräben hineinkommen.

Zum Lebenserwerb wurde die Fischerei erst in neuerer Zeit. Zwei Fischer gibt es nun auf der Hallig Hooge. Sie wohnen auf der Okkenswarft, und ihre Schiffe liegen vor Landsende. Vom Frühjahr bis zum Spätherbst fahren sie regelmäßig vor Tagesanbruch mit ihren modernen Schiffen zum Fang hinaus. Und es ist ein Erlebnis, eine solche Fangfahrt in all ihren verschiedenen Phasen mitzumachen.

Im Gegensatz zu den Husumer Fischern sind unsere Hooger Fischer sogleich im Fanggebiet. Das Fanggeschirr wird klargemacht und außenbords gelassen. Eine ganze Weile gleiten nun die Kufen des Fanggeschirrs, hinter denen sich das Porrennetz weit öffnet, über den Meeresboden. Dann ist es so weit: Der Fang wird eingeholt. Mit der Winsch (Winde) wird der Steert des Netzes (eigentlich Schwanz, d. h. hinterer Teil des Fangnetzes) an Bord gehievt. Er ist prall gefüllt. Der Knoten am Ende wird gelöst, und auf das Deck des Kutters ergießt sich der Fang. Das ganze Deck springt und zappelt von grauen Porren und silbern glänzenden Fischen. Taschenkrebse laufen eilig davon, Buttfische springen in die Höhe, ein kleiner Aal windet sich flink davon, und zuweilen glänzt ein Stück goldenen Bernsteins auf, das sich im Netz verfing und Zeugnis ablegt von den Wäldern, die früher das Wattengebiet bedeckten. — Sind die beiden Netze geleert, so wird das Fanggeschirr wieder über Bord gelassen, ein neuer »Streek« (Fangstrich) beginnt. Währenddessen beginnt die Arbeit an Bord. Bis zum neuen Einholen des Netzes muß auf dem Deck wieder »Klar Schiff« herrschen. Die Porren werden mit der Schaufel in ein Rüttelsieb geschaufelt. Es bleiben schließlich die großen Krabben, die eigentlich ja Garnelen heißen müßten, übrig. Die kleinen Krabben und Fische wurden früher häufig als »Gammel« zur Fischmehlverarbeitung verkauft. Heute werden sie meist über Bord geschaufelt oder gespült. Die großen Krabben aber werden in Körben aufgefangen und zum Heck des Schiffes getragen. Dort kocht inzwischen der große Kessel mit Meerwasser. Die graue Masse der Porren wird in das kochende Wasser gekippt und bekommt sofort eine rötliche Farbe. Sind die Krabben dann ganz rot, so werden sie herausgeholt und auf großen Sieben zum Kühlen ausgebreitet. Nichts schmeckt herrlicher als warme, frisch gekochte Krabben! Nachdem die Krabben an der Luft abgekühlt sind, werden sie in Kisten gefüllt und im Kühlraum des Schiffes verstaut. Frische Krabben sind äußerst empfindlich, und der Weg nach Husum, wo die Fischereigenossenschaft die Krabben aufkauft, ist noch weit. Inzwischen werden die Netze aber schon wieder an Deck gehievt, und die Arbeit beginnt wiederum von vorn.

Die Fischer kehren gerne wieder mit auflaufender Flut zur Hallig zurück. Der Flutstrom, dessen Geschwindigkeit in den Prielen des Watts beträchtlich ist, hilft ihnen, ihre Betriebskosten zu verringern: Dieselkraftstoff ist teuer.

Ihre Krabben liefern die Fischer oft auf Pellworm ab, von wo das Fährschiff der Pellwormer Schiffahrtsgesellschaft sie nach Husum zu den Großabnehmern bringt.

Eine Krabbenschälmaschine hat man inzwischen erfunden, aber die meisten Porren werden noch immer mit der Hand aus ihren Panzern befreit, damit sie dann weiter verarbeitet werden können.

Der Krabbenfang ist oft sehr lohnend, aber zuweilen gibt es auch schlechte Zeiten. Es gilt hier die alte Fischerregel »Fischtag ist täglich, aber nicht Fangtag«.

Bedingt durch die schlechten Fangergebnisse im Frühjahr und Sommer haben sich die Hooger Fischer umgestellt: Sie fangen nun zuweilen auch Butt, Seezungen und Makrelen in größeren Mengen. Beim Porrenfang rangierten Fische sonst nur unter der Rubrik »Beifang«. Nun aber kann man auch auf der Hallig Fisch essen, was man natürlicherweise von einer Insel, die mitten im Meer liegt, auch erwartet.

## Seehunde

Auf der Hanswarft der Hallig Hooge gibt es das »Café Seehund«. Es hat seinen Namen nach dem Gastwirt des Cafés, der früher See-

---

Auf den nordfriesischen Außensänden Japsand, Süderoogsand und Norderoogsand sonnen sich zur Ebbezeit viele Seehunde. Die Hooger Kapitäne machen mit ihren Motorschiffen Ausflugsfahrten zu den Seehundsbänken, man kann aber auch zur Ebbezeit über das Watt dorthin wandern.

hundsjäger war. Er durfte in jedem Jahr eine bestimmte Anzahl von Seehunden, die vom Landesjagdverband festgelegt wurde, schießen. Die Seehundsjagd stellte als Pelztierjagd einen willkommenen Nebenerwerb dar. Auswärtige Jäger, die gerne einen Seehund schießen wollten, kamen zu Besuch auf die Hallig. Sie mußten sich mit dem konzessionierten Seehundsjäger in Verbindung setzen, wurden dann gegen eine zu zahlende Gebühr auf die Jagd mitgenommen und in diese eingewiesen. Heute dagegen ruht die Seehundsjagd, obwohl die Anzahl der Seehunde in den letzten Jahren beträchtlich zugenommen hat. Denn der Seehund hat in unseren Gewässern heute keine natürlichen Feinde mehr. Der Feind, der ihn heute bedroht, ist die zunehmende Verschmutzung unserer Umwelt und hier insbesondere die der Nordsee. Die Ölverschmutzung, die wahrscheinlich zur Hauptsache auf die Ölbohrungen in der Nordsee zurückgeht, und die Verschmutzung der Nordsee mit Chemikalien haben sich von Jahr zu Jahr vergrößert. Die Nordsee wird noch vielfach als eine große bequeme Müllkippe verstanden und dementsprechend benutzt. Infolgedessen hat in den letzten Jahren die Zahl der erkrankten Seehunde erheblich zugenommen. Oft leiden sie an Geschwüren, die nicht mehr verheilen wollen. Die Ursa-

che hierfür ist im verschmutzten Nordseewasser zu suchen, dessen Bakterien sich in Wunden festsetzen und diese nicht mehr heilen lassen.

Nur die kranken Seehunde dürfen heute noch im Sommer geschossen werden. Ferner bestimmt der Landesjagdverband, daß ab Oktober drei bis vier Seehunde abgeschossen werden. Sie werden an das Zoologische Institut der Universität Kiel geschickt, wo sie wissenschaftlich untersucht werden. Es hat sich dabei gezeigt, daß die Belastung der Tiere durch Schwermetalle erheblich zugenommen hat. Früher war die Seehundsleber für die Halligleute eine Delikatesse. Heute raten viele Lebensmittelwissenschaftler vom Verzehr von Leber ab, weil sich hier in besonderem Maße die Schwermetalle konzentrieren.

Vor der Hallig Hooge liegen die sogenannten Seehundsbänke, die einen Teil des Japsandes bilden. Auf diesen hohen Sandbänken, die bei Ebbe trockenfallen, sonnt sich gerne der Seehund. Die Seehundsbänke kann man als einzige Bänke dieser Art an der Westküste Schleswig-Holsteins übers Watt zu Fuß erreichen. In den Sommermonaten kann man oft mehrere Hunderte von Seehunden auf diesen Sandbänken bei Ebbe beobachten.

Die Tiere liegen dann in unmittelbarer Nähe des Wassers. Nähert sich irgendeine Gefahr, dann können sie sich sofort kopfüber ins Wasser stürzen, und sie sind dann wieder in ihrem natürlichen Element, wo sie ihre ganze Kraft und Behendigkeit entwickeln können. An Land dagegen sind die Tiere plump und in ihren Bewegungen außerordentlich behindert.

Seehunde können sehr schlecht sehen, und sie sind sehr neugierig. Diese beiden Eigenschaften werden ihnen bei der Jagd auf sie zum Verhängnis. Man muß allerdings ihre außerordentliche feine Witterung ausschalten. Dies tut man, indem der Jäger wie der Beobachter immer gegen den Wind auf das Seehundsrudel zuhalten. Wenn man in die Nähe der Seehunde kommt, so muß man den Seehund in Gestalt und Bewegung nachahmen. Man tut dieses, indem man sich auf den Bauch legt und sich an die Seehunde schaukelnd heranrobbt. Die neugierigen Tiere wenden sich dem »Kameraden« zu, der auf diese Weise dicht an sie herankommen kann.

# Die Trinkwasserversorgung auf der Hallig Hooge

Seit jeher war die Trinkwasserversorgung für die Halligen ein besonders schwieriges Problem. Für die Hallig Hooge konnte es erst 1970 endgültig durch den Bau einer Wasserleitung zum Festland gelöst werden. Bis dahin traten alljährlich regelmäßig Schwierigkeiten auf.

Der Untergrund der Hallig liefert kein süßes Grundwasser. Das Meer ist zu nahe. Das bei tieferen Bohrungen heraufgeförderte Wasser war brackig und nicht für das Vieh und schon gar nicht für den Menschen zu gebrauchen. Süßwasserquellen gibt es auf der Hallig nicht.

So sammelte man seit alters auf der Hallig das Tränkwasser für das Vieh in Fethingen und das Trinkwasser für den Menschen in Sooden (Zisternen) in der Nähe der Häuser.

Unter einem *Sood* versteht man einen mehr oder weniger tiefen Brunnen am Halligthaus. Meist reichte seine Tiefe bis zur Sohle der Warft hinab. Der Sood fing das von den Dächern herabtropfende Regenwasser auf. Dies konnte durch eine unten um das Haus herumführende Rinne geschehen oder vermittels von Dachrinnen, die das Wasser in den Sood leiten. Früher waren die kreisförmigen Soode schneckenförmig aus Grassoden aufgesetzt. Solche Soodringe aus Grassoden waren sehr dauerhaft. So kann man noch heute im Watt nördlich der Hallig Hooge die Soodringe der untergegangenen Boyenswarft finden. — In einer späteren Zeit verwandte man für den Bau von Soodringen Backsteine oder Betonringe. Nach oben hin verengte sich der Sood im allgemeinen, so daß er einer großen, in den Warftboden vergrabenen Flasche glich. Wollte man Wasser schöpfen, so bediente man sich einer langen Hakenstange, an die ein Eimer gehängt wurde. Die Öffnung des Brunnens wurde meist mit einem Holzdeckel abgedeckt. Als man später eine Pumpe in der Küche des Hauses anbrachte und mit ihr das Wasser aufschlug, wurden die Brunnen meist mit alten Mühlsteinen oder Bileggerplatten abgedeckt. Infolge der reethgedeckten Häuser hatte das Trinkwasser in den Halligthäusern allerdings meist eine gelblich-braune Färbung.

Solche Soode, die in den meisten Fällen nicht mehr gebraucht werden, kann man noch heute auf verschiedenen Warften vorfinden. — In den neueren Häusern, die noch vor dem Bau der Wasserleitung entstanden, baute man meist einen Kellerraum als Wasserbassin aus. Das in ihm aufgefangene Wasser war infolge des Eternit- oder Pfannendaches meist ganz klar. Das Wasser dieser Wasserbassins wird teilweise heute noch benutzt.

Zur Versorgung des Viehs mit Trinkwasser diente der *Fething*. Aus ihm darf jeder Bauer der Warft seinen Viehbestand tränken. Auf den großen Warften gibt es meist mehrere Fethinge, auf den kleineren nur einen, auf der Kirchwarft und der Westerwarft keinen. Der Fething fängt mit seinen abgeschrägten Böschungen das gesamte Regenwasser auf, das die Warftoberfläche trifft. Dieses Wasser sickert allmählich in den Fething und füllt ihn. Mit Hilfe von großen Soodschwengeln holte man früher das Wasser aus den Fethingen zum Gebrauch herauf. Später verwandte man hierzu Motorpumpen. Von einigen Bauern wird das Fethingwasser noch heute für die Tränkung des Viehs benutzt.

Schwierigkeiten in der Wasserversorgung entstanden mit steter Regelmäßigkeit: Nach großen Sturmfluten (z. B. 1962) waren alle Fethinge und Soode der Hallig mit Salzwasser gefüllt. Nirgends gab es auf der Hallig Trinkwasser. Vom Festland mußten Tausende von Kubikmetern schnellstens herbeigeschafft werden. In heißen Sommermonaten, wenn es zur Freude der Badegäste wochenlang nicht regnete, wurde das Wasser ebenfalls oft sehr knapp. Es kam hinzu, daß der zunehmende Fremdenverkehr noch dazu den Wasserverbrauch erheblich ansteigen ließ. Dann mußten Wasserschuten vom Festland die Hallig anlaufen, und das Wasser mußte zu einem teuren Preis von den Halligleuten gekauft werden.

Heute sind die Zeiten solcher Wassernot für die Hallig Hooge

---

Seit 1970 ist Hooge an eine Trinkwasserleitung des Festlandes angeschlossen. Der Schwimmkran Magnus VII spülte die Wasserleitung zwischen Pellworm und Hooge acht Meter unter den Schlickboden des Watts ein. —
Auf der Hallig wurde die Wasserleitung dann in herkömmlicher Weise verlegt.

vorbei: Von Frörup-Westerfeld, einem Wasserwerk in der Nähe von Flensburg, wurde eine Doppelrohrleitung zur Hamburger Hallig und von dort zur Insel Pellworm verlegt. Von Pellworm aus begann man dann im Sommer 1968 die Verbindung nach Hooge zu schaffen. Durch das tiefe Rummelloch hindurch mußte die etwa 3,5 km lange doppelte Leitung verlegt werden. Der Schwimmkran Magnus VII spülte die Leitung hier sieben bis acht Meter unter den Schlick. Am 29. 7. 1968 wurde das erste Glas Wasser aus dem 75 km entfernten Wasserwerk Frörup auf Hooge abgezapft. — In den Jahren 1969/70 wurden dann innerhalb der Hallig die Hausanschlüsse verlegt. Am 16. Juni 1970 wurden die Arbeiten, die 1,2 Millionen DM gekostet hatten, von einer Kommission abgenommen. An diesem Tag feierte die Hallig Hooge ihr Wasserfest. Damals entstand in der Volksschule Hooge das nachstehende Lied zur Begrüßung der auf der Hallig erschienen Gäste:

Die Hallig begrüßt ihre Gäste aufs best',
wir feiern hier heute das Wasserfest.
Es rückte die Hallig ans Festland heran,
indem man sie schloß an das Wassernetz an.
Von Frörup nach Hooge, das ist ziemlich weit,
drum brauchte der Leitungsbau auch sehr viel Zeit.
Wie war's denn auf Hooge in früheren Jahr'n?
Das Wasser war knapp, und man mußte sehr spar'n.
Vom Himmel da tropfte das kostbare Naß
und füllte den Fething, den Brunnen, das Faß.
Auf die Reethdächer fiel der Regen fein,
floß von dort in Zisternen und Brunnen rein.
Das Reeth war sehr alt und moosig war's auch.
Das Wasser nahm an einen fauligen Hauch.
In den Dachrinnen nistete manch ein Spatz,
bis der Regen ihn forttrieb mit einem Satz.
So kamen die armen Spatzen klein
in die Zisterne am Haus hinein.
Auch Spatzeneier, o großer Schreck,
trieb der Regen aus der Dachrinne weg.
All dieses floß hinein in die Trauf'.
Die Zisterne war groß und nahm alles auf.

Das Wasser war gelblich und dunkelbraun,
so daß man nicht traute, es anzuschaun.
So kam jedes Jahr eine Krankheit, »de Süük«,
sie brachte den Hoogern nie großes Glück.
Man spuckte und eilte ins kleinkleine Haus.
Es knurrten der Darm und der Magen, o Graus! —
Aus den Fethingen soff das liebe Vieh,
so manches Mal reichte das Wasser mit Müh.
Denn ein Rind säuft acht Eimer an einem Tag,
und die Sommer warn heiß, und die Sonne sie stach.
Der Fething wurde sehr klein und sehr schmal.
Am Grunde im Schlamm sich wälzten die Aal.
Es leerten die Brunnen am Hause sich auch,
wenn die Sommer sehr warm und kein Windeshauch.
Man sparte mit Wasser und hoffte auf Regen.
Sehr oft ging diese Hoffnung daneben.
Auch im Winter da war oft die Not sehr groß,
wenn der Himmel blau und der Frost sehr groß.
Es kamen ein Sturm und die Wellen zuhauf,
überschwemmten die Fennen und Warften im Lauf.
Die Fethinge wurden mit Wasser gefüllt.
In den Ställen haben die Rinder gebrüllt.
Sie schrien nach Wasser, aber nach frischem,
und wollten von salzigem Wasser nichts wissen.
Wo sollte das herkomm'n? Das war das Problem.
Für die Halligleute war die Zeit nicht bequem.
Die Fethinge wurden mit Pumpen geleert.
Es war nicht leicht, doch die Sache war's wert.
Endlich waren die Fethinge nun wieder leer.
Wo aber kam nun der Regen her?
Der Himmel war blau und sonnig klar.
Man wartet' auf Regen, das war ja klar.
Man schaute zum Himmel, ja, was war denn das?
Vier Hubschrauber nahten mit feuchtem Naß.
Sie brachten Frischwasser und manches Brot.
Doch kein Ende hatte die Wassersnot.
Die Brunnen am Haus sie taugten nichts mehr.
Wo kriegten wir nun frisches Wasser her?
Wie sollte man Hilf' auf die Hallig bekommen?

Da kam eine Schute von Husum geschwommen.
Vom Marschenbauamt der Schlepper kam,
eine Schute mit Wasser ins Schlepptau er nahm.
Es dauert' nicht lang, und die Schute war leer.
Von Husum mußten noch weitere her.
So gingen Jahre um Jahre ins Land,
bis man einen Plan, einen neuen erfand.
Man faßte endlich den großen Plan:
Hallig Hooge muß ans Wassernetz ran.
Vom Plan zur Tat der Weg war sehr lang.
Es war nicht gewiß, ob das Werk auch gelang.
Magnus VII, der Kran, schippert' langsam heran
und spülte die Leitung nach Hooge heran.
Die Leitung lag tief im weichen Schlick.
Der Schlamm darüber ist acht Meter dick.
Das erste Glas Wasser floß bald durch das Rohr.
Auf Hooge jubelt' ein Freudenchor.
Eine Zapfstelle gab's nun auf Ockenswarft.
Dort stillte jedermann seinen Bedarf.
Die Not war zu Ende, der Schrecken gebannt.
Es herrschte viel Freude im Halligland.
Inzwischen hat jeder nun Wasser im Haus.
Die Sorgen um Wasser im Sommer sind aus.
Die Hallig sagt nun herzlichen Dank
für den Frörup-Flensburger Wassertrank.

Schematische Darstellung
der Trinkwasserversorgung einer Warft

1 = Alte Marsch
2 = Moorbildung um Christi Geburt
3 = Halligablagerung vor dem Warftbau
4 = Halligablagerung nach dem Warftbau
5 = Warftkörper
6 = Fething
7 = Fething-Sood
8 = Fethingabfluß nach einer Versalzung des Fethings in einer Sturmflut
9 = Zufluß vom Fething
10 = Trinkwasser bzw. Regenwasser-Sood
11 = Pumpleitung zum Fething
12 = Graben
13 = Soodschwengel für den Fething-Sood
14 = Grassoden für Warftböschung, Hausfirst und Soode

# Die Versorgung der Hallig Hooge mit elektrischer Energie

Jahrhundertelang war man auf den Halligen zur Beleuchtung von Wohnstube, Küche und Stall auf das Petroleum angewiesen. Pro Haushalt wurden im Jahr etwa 80 Liter davon verbraucht. Das Petroleum kam im Herbst mit dem Proviantschiff, daß die übrigen Wintervorräte vom Festland brachte, auf die Hallig.

In den dreißiger Jahren gab es auf der Hallig einige findige Bastler, die auf die Idee kamen, die Kraft des ständig wehenden Windes mit Windmühlen für die Erzeugung von elektrischer Energie zu nutzen. 55 Akkumulatoren zu je zwei Volt dienten der Umwandlung. Jetzt erzeugte man im Selbstbau Strom für die Beleuchtung des Hauses und für den Empfang von Radiosendungen, was einen Kontakt zum Weltgeschehen ermöglichte. Auf nahezu allen Warften wurden Windräder errichtet, deren Pfeiler man heute teilweise noch sehen kann.

Später kam man dazu, mit Propangas, das in den meisten Halligaushalten auch heute noch als Gas für den Küchenherd dient, die Zimmer zu beleuchten. Gasleitungen wurden in den Halligháusern verlegt, und Glühstrümpfe, wie sie heute noch für die Beleuchtung von Straßenlaternen verwandt werden, gaben ein helleres Licht als die Petroleumlampen.

Ein neues Kapitel für die Hallig Hooge begann dann 1959. In diesem Jahr verlegt die SCHLESWAG, die schleswig-holsteinische Stromerzeugungsgesellschaft, ein 20000 Volt-Kabel durch das Watt von der Insel Pellworm zur Hallig Hooge. (Pellworm war bereits 1942 elektrifiziert worden.) Das war damals eine Pioniertat, denn es war gar nicht so einfach, das Stromkabel mit den damals bescheidenen Anlagen durch das Rummelloch zwischen Pellworm und Hooge und durch das Watt zur Hallig zu bringen. Für die Schleswag war die Verlegung damals ein Verlustgeschäft. Die Kosten der Maßnahme betrugen 400000 DM, aber der Schleswag, dem Land Schleswig-Holstein und dem Kreis Husum ging es darum, die Halligbevölkerung an den Errungenschaften der Zivilisation teilhaben zu lassen. So feierte die Halligbevölkerung denn 1959 ihr »Lichtfest«.

Inzwischen haben sich die Halligleute an den elektrischen Strom gewöhnt. Ja, er ist für sie unverzichtbar geworden. Die Vorratshaltung, die für die Hallig immer noch eine besondere Rolle spielt, wird durch den elektrischen Strom erheblich erleichtert. Auf der Hallig gibt es eben keinen Schlachter und keinen Bäcker, und in den Winterzeiten ist man unter Umständen mehrere Wochen lang vom Eis eingeschlossen. Das Einfrieren der Vorräte und die Frischhaltung in der Gefriertruhe bieten einen guten Ersatz.

Für den Besucher der Hallig ging da natürlich ein Stück Halligromantik verloren, aber andererseits will der Badegast nicht im Urlaub auf den gewohnten Komfort verzichten, und so war die Elektrifizierung der Hallig, für die der Fremdenverkehr zur fundamentalen Existenzgrundlage geworden ist, eine pure Notwendigkeit.
Zur Vorsorge bei einem Ausfall der Stromversorgung wurden inzwischen auf Hooge mehrere Notstromaggregate installiert. Sie werden mit Dieselkraftstoff betrieben und sollen im Notfalle verhindern, daß Schäden und Ausfälle auftreten.

## Ditten

Auf der Hallig Hooge benutzt man heute als Heizmaterial Holz, Koks und Kohlen, noch häufiger aber Heizöl. Vor wenigen Jahren aber noch gewann man einen großen Teil des Brennmaterials auf der Hallig selbst: die Ditten.

Die Ditten wurden aus Kuhmist hergestellt. Dieser wurde in den Wintermonaten, wenn die Kühe aufgestallt waren, in einem sogenannten »Mistpott« gesammelt. Zu Anfang Mai, wenn die Kühe wieder auf die Fennen getrieben wurden, wurde dieser Kuhmist auf der Warftböschung ausgebreitet, mit den Füßen festgetreten und glatt gestampft. Je nach der Witterung lag diese dicke Mistschicht nun zwei bis drei Wochen an der frischen windigen Luft, bis die obere Seite hart und trocken war. Nun wurde der Kuhmist mit einer besonders scharfen Schaufel in quadratische Stücke gestochen, die dann gleichzeitig umgekippt wurden, so daß die Fladen auch von der Unterseite trocknen konnten. Dann stellte man die Ditten in langen Reihen auf der Warftböschung auf, bis sie vollständig trocken waren. Auf dem Boden des Halligeuses wurden die Ditten, die nach dem Trocknen völlig geruchlos waren, für den Winter aufbewahrt.

Sie waren aber ein recht unergiebiges Brennmaterial. Sie brachten mehr Asche, als sie Wärme gaben.

Doch konnte man mit den torfartigen Ditten die Glut im Ofen und im »Bilegger« halten. Dieser Bileggerofen war eine gußeiserne Abzweigung des Küchenherdes in die gute Stube, den »Pesel«, hinein. Er war mit der hinteren Platte an die Wand gelehnt und wurde vom Küchenherd aus geheizt. Er ruhte auf zwei Beinen aus Holz oder Eisen. Die drei Seitenplatten waren meist mit Darstellungen aus der biblischen Geschichte und mit einer Jahreszahl versehen. Die oberen Ecken waren oft mit großen Knöpfen aus Messing verziert. Die obere Platte diente der Warmhaltung von Speisen. Über dem Bilegger befand sich in den Kapitänshäusern oft ein größeres Fliesenbild, das das Schiff des Hauseigentümers darstellte. Im »Königspesel« kann man das alles heute noch so sehen, wie es früher war. Der »Pesel«, die gute Stube, wurde nur zu festlichen Gelegenheiten (für Familienfeste und zu den großen kirchlichen Feiertagen) benutzt, weil es einfach nicht genügend Brennmaterial gab bzw. weil dieses zu teuer war. Denn die Ditten reichten als einziges Feuerungsmaterial für den Winter kaum aus. So mußten die Kinder der Halligbauern in den Sommermonaten harte Kuhfladen und Schafsdünger von den Fennen sammeln. Eine große Rolle spielte das Absammeln des Strandes von Strandholz. Es hat an Bedeutung verloren, zumal Strandholz viel Salz und Salpeter enthält. Beim Heizen treten dann chemische Prozesse auf, die sich sehr nachteilig auf das Eisen des Ofens auswirken. Seitdem auf der Hallig keine Ditten mehr hergestellt werden, steht die Hallig vor dem schwierigen Problem der Mistbeseitigung. Der im Winter in den Stallungen anfallende Kuhmist kann nicht mehr wie früher genutzt werden. Er wird jetzt unterhalb der Warften gestapelt. Bei den Überflutungen der Hallig wird er dann fortgeschwemmt und auf den Ländereien ver-

---

Auf den Warften bildet der Fething den Mittelpunkt. In ihm sammelt sich das Regenwasser, das auf die Warftoberfläche trifft. Das Fethingwasser wurde zur Tränkung des Viehs benutzt.
Bis in die siebziger Jahre hinein wurden auf der Hallig Ditten aus getrocknetem Kuhmist als Brennmaterial hergestellt. Mit dem Strandholz, das am Deich gesammelt wurde, diente sie als Winterfeuerung. Heute brennt in den meisten Hallighäusern eine Ölheizung.

teilt. Infolge des zahlreicher gewordenen Pensionsviehs, das zum Winter die Hallig verläßt, fällt heute allerdings auch weniger Mist an als früher.

An der Art und Weise, wie man auf den Halligen die Wohnungen beheizt, kann man erkennen, wie groß der Schritt ist, den die Halligleute in dem letzten Jahrzehnt getan haben.

## Verbindungen zum Festland

Noch vor wenigen Jahrzehnten lagen die Halligen fernab vom Strom der Zeit. Tagelang waren die Halligleute oft zum Einkauf nach Husum unterwegs. Die Schiffe waren klein und ungemütlich, und die Fahrt war oft über alle Maßen vom Wetter abhängig. Widrige Winde verlängerten die Reise beträchtlich, und gab es Eis, so war die Hallig schnell von der Außenwelt völlig abgeschnitten. Eine kleine Geschichte mag dies verdeutlichen: Im Jahre 1888 starb am 9. März der Deutsche Kaiser Wilhelm I. Auf der Hallig Hooge aber, die ganz vom Eise eingeschlossen und von der Außenwelt abgeschnitten war, feierte man, wie es damals üblich war, in der Schule noch am 22. März den Geburtstag des Kaisers in dem Glauben, daß dieser noch lebe. Zu Beginn des Frühjahrs wurde dies dann überall auf dem Festland bekannt. So etwas sollte im Deutschen Reich nicht wieder geschehen: Nach der Hallig Hooge wurde ein Telefonkabel verlegt, und Hooge rückte ein Stück näher an das Festland heran. Die Verlegung eines Stromkabels zur Hallig (1959) und der Trinkwasserleitung nach Hooge (1970) waren dann weitere Schritte in dieser Richtung. Nun gab es auch Rundfunk- und Fernsehempfänger, und der

---

Der Postbote ist für die Halligleute eine sehr wichtige Person, stellt er doch die Verbindung zur Außenwelt her. —
Der Hafen Schlüttsiel ist der Umschlagsort für die Waren, mit denen die Halligen und die Insel Amrum versorgt wird. Das Fährschiff »Amrum« läuft im Sommer täglich zweimal die Halligen an.

AMRUM

Kontakt zur Außenwelt war in weit größerem Maße möglich als vorher. Eine kleine Geschichte, wiederum zum Tode eines Staatsmannes, mag das Heranrücken der Außenwelt an die Hallig verdeutlichen: Am 22. November 1963 wurde der amerikanische Präsident John F. Kennedy in Texas ermordet. Die Hallig Hooge hatte an diesem Tage Landunter, d. h. jede Warft bildete eine Insel für sich, durch die Nordsee von den anderen Warften in der Hallig getrennt. Es erschienen nun aber auf den Bildschirmen der Fernsehapparate in den Hallighäusern die ersten Bilder von dem Geschehen in Dallas, 6000 km von Hooge entfernt. — Die Abgelegenheit der Hallig ist also im Verlaufe eines knappen Jahrhunderts verschwunden oder besser: sie hat sich geändert. Etwas von ihr ist zur Freude der Halliggäste noch erhalten geblieben. Trotz der täglichen doppelten Verkehrsverbindung zum Festland. Zur Verbesserung des Fernsprechverkehrs zwischen Hallig Hooge und dem Festland und vor allem zu dessen Sicherung errichtete die Bundespost auf der Ockenswarft einen 33 Meter hohen Fernmeldeturm. Das Telefonkabel zur Hallig, das im Watt liegt, könnte eventuell einmal beschädigt werden. Durch den Richtfunk, der von diesem Fernmeldeturm aus möglich ist, ist ein drahtloser Telefongesprächsverkehr zwischen Hooge und dem Festland immer möglich, und in extremen Situationen ist eine solche Gesprächsverbindung für die Halligbewohner von lebenswichtiger Bedeutung.

Wie der Personenverkehr wurde auch der Postverkehr früher über Pellworm abgewickelt. Nach Pellworm kam die Post mit einem Schiff der Pellwormer Reederei, quer durch Pellworm transportierte sie ein Postbus. Von Pellworm holte sie der letzte Hooger Postschiffer Hans von Holdt mit seinem kleinen Postboot, das bei Landsende lag. Der Briefträger verteilte sie dann auf der Hallig. Der komplizierte Weg konnte durch die verschiedensten Ursachen gestört werden. Lange Verzögerungen traten sehr oft ein, sei es, daß Nebel die Sicht nahm, daß der Wind zu sehr wehte oder daß bei Ostwind das Wasser zu sehr gefallen war, so daß das Schiff nicht fahren konnte.

Seit 1971 wird die Post regelmäßig auf Grund eines Vertrages durch die Fährschiffe der Wyker Dampfschiffs-Reederei zur Hallig Hooge befördert. Jetzt gibt es nur noch selten Verzögerungen durch Nebel oder Sturm. Für die großen Fährschiffe bildet die Wetterlage nur noch selten ein Hindernis, und so haben die Halligleute noch nie ihre Post und ihre Zeitungen so pünktlich erhalten wie heute.

Allerdings sind hier einige Einschränkungen zu machen: Im Winter gibt es an zwei Wochentagen keinen Fährverkehr zum Festland. Dann kommt auch keine Post und keine Zeitung. Und wenn die Post erst mit dem Abendschiff zur Hallig gelangt, dann wird sie nicht mehr ausgeteilt. Auch in Eiswintern, wenn die Hallig von einem hohen, für die Schiffahrt undurchdringlichen Eisgürtel umgeben ist, stellen sich Verzögerungen ein. Der Kurgast auf der Hallig muß also im Winter mit Unregelmäßigkeiten, hervorgerufen durch die Naturgewalten, rechnen.

In Notfällen dagegen erfüllt der Rettungsdienst der Hubschrauberpiloten eine segensreiche Aufgabe. Auf der Hallig Hooge gibt es keinen Arzt. Allerdings gibt es dort seit 1981 eine Krankenschwester. Sie kann in Notfällen erste Hilfe leisten. Der nächste für Hooge zuständige Arzt hat seine Praxis auf der Insel Amrum. Er besucht im Bedarfsfalle die Hallig und hält dann auch Sprechstunden ab. In Notfällen kommt er mit dem Rettungsboot der Deutschen Gesellschaft zur Rettung Schiffbrüchiger, das auf Amrum stationiert ist, zur Hallig herüber. Wenn für einen Kranken Lebensgefahr besteht, so daß er in ein Krankenhaus eingeliefert werden muß, dann kommt entweder der Seenotrettungskreuzer zur Hallig, um den Transport durchzuführen, oder aber ein Hubschrauber der SAR-Staffel fliegt die Hallig an. Der Kranke wird dann von dem Hubschrauber direkt ins Krankenhaus geflogen. Rund 20 Minuten dauert die Flugzeit. Schneller kann man im allgemeinen auch auf dem Festland nicht in ärztliche Behandlung gebracht werden.

## Versorgung in früherer Zeit

Wie es früher um die Versorgung der Hallig bestellt war, als es noch keine regelmäßige Fährverbindung zur Hallig Hooge gab, geht beispielhaft aus den Aufzeichnungen des Lehrers Johannes Plöhn hervor, der von 1911 bis 1922 auf Hooge tätig war. Er schreibt unter der Überschrift »Das Proviantschiff«:

»Wenn die Frühjahrsstürme nachlassen, so rüstet der Hooger

Schiffer sich zur Reise nach Husum. Wenn das Schiff reisefertig ist, bestimmt er einen Tag, an welchem er die Bestellungen entgegennimmt und die mitzuschickenden Sachen an Bord wünscht. Die Bestellzettel und das empfangene Geld für die zu kaufenden Sachen legt der Schiffer in seinen ›Klorb‹. Letzteres ist ein länglichrunder, hölzerner Kasten, welcher durch ein Hängeschloß verschließbar ist. An Bord gebracht werden Behälter für die gewünschten Waren sowie Gegenstände, welche der Halligbewohner durch den Schiffer zu verkaufen wünscht. Es werden mitgeschickt: Säcke für Korn und Kohlen, Kannen und Krüge für Flüssigkeiten, Körbe und Kisten für Kolonialwaren. An den Markt bringen will der Hooger Bauer durch den Schiffer: Käse, Butter, Eier, Fische, gesalzene Krabben, Wolle, Felle, altmodische Sachen, leere Flaschen usw. Im Herbst kommen auch gemästete Schweine, Kälber und namentlich Lämmer von Hooge fort.

Der Schiffer fährt meistens nach Husum, zuweilen nach Wyk. Eine Reise nach Husum dauert durchschnittlich 5 bis 6 Tage, eine solche nach Wyk 2 bis 3 Tage. Bei seiner Wiederkunft zieht der Schiffer die Fahne am Mast hoch zum Zeichen, daß er löschen will. Dann ist das Proviantschiff auch bald umlagert von ›Jützen‹ (Halligbooten). Unter großem Lärm wird das Proviantschiff geleert. Die mitgeschickten Behälter sind gefüllt wiedergekommen. Es werden ausgeladen: Steinkohlen, Koks, Briketts, Bauholz, Steine, Korn, Kartoffeln, Futtermittel, Kolonialwaren, Manufakturwaren, Gerätschaften, Möbel, Weißkohl, Rüben, Wurzeln, Bier, Branntwein und dgl. mehr.

Von Hooge fährt man vor der Heuernte gewöhnlich drei- bis viermal nach Husum und nach derselben sechs- bis siebenmal. Natürlich sind hieran mehrere Schiffer beteiligt. Ist eine Fahrt vollendet, so bringt der betreffende Schiffer bald danach seine Abrechnungen aus, weil ja kein Bewohner genau wissen konnte, wieviel Geld er mitsenden mußte. Zwischen den Husumfahrten vollziehen sich auch mehrere Fahrten nach Wyk. Die letzte Reise im Herbst ist regelmäßig eben vor Weihnachten nach Wyk. Dann senden alle Familien ›Klorbs‹ und Kuchenkasten mit für die Weihnachtssachen, namentlich für das ›Kinkentüg‹ (Kuchen des Weihnachtsmannes). Vom letzteren bekommen die hiesigen Kinder zu Neujahr mehrere Stücke in ihre Teller, weil sie sich ohne ›Kinkentüg‹ keinen Neujahrsteller vorstellen können. Im Januar und Februar kassieren die Schiffer das Geld für ihre vorjährige Fracht ein.

Ein mittelgroßes Halligschiff vermag 7 bis 8000 Pfund zu tragen. Bei Korn, Kartoffeln und Kohlen wird die Fracht nach Centnern berechnet, bei den übrigen Sachen meistens nach der Größe des Platzes, den sie ausfüllen.«

## Strukturwandel der Halligen seit 1960

Jahrhundertelang waren die Halligen die unterentwickelten Gebiete des Landes Schleswig-Holstein. Fernab vom Verkehrsstrom des Festlandes gelegen, ragte auf und mit ihnen ein Stück Vergangenheit in die Gegenwart hinein: In althergebrachter Weise lebten dort die Bewohner ein bescheidenes und karges Leben, ständig bedroht vom »Blanken Hans«. Im Verlaufe von knapp zwei Jahrzehnten gewannen aber die Halligen dann den Anschluß an die moderne Zeit: Strom und Wasser kamen vom Festland herüber. Straßen wurden gebaut, und alle Errungenschaften der modernen Technik fanden Eingang auch auf den Halligen. Der in den Augen außenstehender Betrachter vorhandene »romantische Zauber« der Halligen schien in dem Wandlungsprozeß verlorenzugehen. Wie kam es dazu, daß die Halligen in so kurzer Zeit so gründlich ihr Gesicht veränderten?

Im Jahre 1953 beschloß die schleswig-holsteinische Landesregierung Maßnahmen zur »Erschließung der notleidenden Gebiete des Landesteiles Schleswig«: Das sogenannte »Programm Nord« wurde entworfen und seine Verwirklichung in Angriff genommen. Es sollte sehr bedeutsam für die Hallig werden.

Dieses Sanierungsprogramm umfaßte ein ganzes Bündel aufeinander abgestimmter Maßnahmen der verschiedensten Art. Agrar- und siedlungspolitische Maßnahmen gehörten dazu wie auch Landgewinnungsarbeiten herkömmlicher Art, z. B. der Bau des Friedrich-Wilhelm-Lübke-Kooges. Auch der Bau des Hauke-Haien Kooges mit seinem für die Halligen bedeutsamen Hafen Schlüttsiel (1957 bis 1959) geschah im Rahmen dieses Programmes. Der Hauke-Haien-Koog wurde aber nicht in erster Linie zur Neulandgewinnung gebaut. Diese war nur gleichsam ein Nebeneffekt. Der Sinn dieses Kooges wird durch das in ihm enthaltene Speicherbecken erfüllt, das bei Sturmfluten, wenn die Schleusentore zur See geschlossen sind, das von der hügeligen Geest herabfließende Wasser auffängt und nach dem Abklingen des Sturmes wieder in die Nordsee entläßt. So wird die früher ständige Überflutung der flachen Marschgebiete hinter den Deichen durch die bei Sturm und Regen über ihre Ufer steigenden Flüsse verhindert. Die Regel »Versuupt wi nich in Soltwater, so versuupt wi in Sötwater« gilt nicht mehr für die Marschbewohner. Neben diesen wasserwirtschaftlichen Sanierungsmaßnahmen war der Ausbau des Verkehrsnetzes ein wichtiger Bestandteil des Programms Nord. Für die Halligen entstand am Ausgang des Speicherbeckens des Hauke-Haien-Kooges der Hafen Schlüttsiel. Er wurde seit 1959 zum Ausgangspunkt für den ständig zunehmenden Verkehr zu den Halligen. Auch bei heftigeren Winden und sogar bei Stürmen können die Halligen jetzt fahrplanmäßig von den Linienschiffen der WDR, der Wyker Dampfschiffs-Reederei Föhr-Amrum, angelaufen werden. Mit diesem Hafen rückten die Halligen ein gehöriges Stück näher an das Festland heran.

Einen wichtigen Bestandteil des Programms Nord bildete der Küstenschutz mit dem Ziel der Deichverstärkung und Deichverkürzung. Im Rahmen dieses Küstenschutzes haben die Halligen eine wichtige Funktion. Als »Wellenbrecher« im »energieverzehrenden Vorfeld« des Watts dienen sie der Entlastung der Festlandsdeiche, indem sie die Gewalt der heranrollenden Wogen verringern. Sie verhindern darüber hinaus die weitere Aufspaltung der Rinnensysteme im Watt und sind Stützpunkte des Küstenschutzes. Als solche bilden sie Ausgangspunkte für Verteidigungsmaßnahmen gegen die angreifende Nordsee. Aus diesem Grunde müssen sie auch bewohnt sein, denn wirksame Verteidigungsmaßnahmen sind nur möglich von Menschen, die die Nordsee in all ihren verschiedenen

---

Nach der Sturmflutkatastrophe von 1962 wurden die Halligwarften erhöht, verbreitert und abgeflacht. Tausende Kubikmeter von Kleiboden wurden an die Warften herangefahren, um den auf den Warften lebenden Bewohnern den größtmöglichen Schutz zu bieten. —
Das untere Bild zeigt die Schulwarft, deren Toilette in der Sturmflutnacht 1962 die Westseite der Schule vor dem Wellenschlag schützte.

Erscheinungsformen von Jugend auf kennen. Oberstes Ziel des Küstenschutzes mußte es deswegen sein, die Menschen auf der Hallig zu halten und einer »Halligflucht« vorzubeugen. Eine solche schien auf Grund der kargen Lebensbedingungen auf der Hallig am Ende der fünfziger Jahre bevorzustehen.

1961 wurde dann mit den Sanierungsmaßnahmen auf den Halligen begonnen. Sie sollten in zehn Jahren abgeschlossen sein. Zwei verschiedene Aufgabenbereiche ließen sich hinsichtlich des Halligsanierungsprogrammes unterscheiden: Einmal mußten Maßnahmen getroffen werden, die die geographische Existenz der Halligen für die Zukunft sichern würden: Die Halligdeiche mußten verbessert werden, Lahnungen mußten gebaut werden, um die Strömungsverhältnisse der Nordsee in der Nähe der Hallig im Sinne der Erhaltung der Hallig zu beeinflussen und um Gefahren abzuwenden. Zum anderen wurden Maßnahmen erforderlich, die bewirken sollten, daß die Halligbewohner nicht ihrer Heimat den Rücken kehrten. Es durfte kein für die Hallig gefährliches Wohlstandsgefälle zum Festland entstehen. Der Lebensstandard mußte hier mit dem auf dem Festland Schritt halten. Die unmittelbarste und wichtigste Voraussetzung hierfür war die Sicherung der menschlichen Existenz unter Halligbedingungen, d. h. der Bau von sturmflutsicheren Gebäuden. Es durfte nicht geschehen, daß Sturmflutkatastrophen das Leben der Halligbewohner gefährdeten und in der Folge zu einer Abwanderung von den Halligen führten, wie sie 1825 schon einmal erfolgt war. Die Sturmflutkatastrophe in Holland 1953, bei der über 1000 Menschen ertranken, mußte als deutliche Warnung verstanden werden.

Es kam dann im Februar 1962 die Sturmflutkatastrophe für die Halligen Nordfrieslands. Nun hatte sich einmal deutlich gezeigt, wie bedroht die Existenz der Halligleute wirklich war. Zahlreiche Häuser wurden zerstört oder erheblich beschädigt, und es gab kaum ein Gebäude, in das nicht die Nordsee eingedrungen wäre und Schaden angerichtet hätte. Im Jahre 1958 hatte es bezeichnenderweise in einem Gutachten geheißen, daß 70 % der Halliggebäude »abbruchreif« seien. Die Armut der Halligbewohner war beträchtlich, ihr Lebensstandard weit hinter dem des Festlandes zurückgeblieben. Die Glanzzeit der Seefahrt, die im 17. und 18. Jahrhundert Reichtum und Wohlstand über die Hallig gebracht hatte, gehörte schon lange der Vergangenheit an. Der Fremdenverkehr war unbedeutend.

Es war von vornherein klar, daß deswegen die Halligleute aus eigener Kraft nicht imstande sein würden, die notwendigen Maßnahmen zur Sicherung ihrer äußeren Existenz zu ergreifen. Weitgehende Finanzhilfen des Staates würden notwendig sein. In Abwägung dieser Notwendigkeit der zukünftigen finanziellen Unterstützung wurde nach der Flutkatastrophe zeitweilig nochmals ernsthaft erwogen, die Halligbevölkerung zu evakuieren und die Halligen aufzugeben. Doch konnten die verantwortlichen Stellen von der Notwendigkeit einer besiedelten Hallig überzeugt werden. Und somit hatte die Sturmflut für die Hallig auch ihr Gutes: Sie brachte die eben erst angelaufenen Sanierungsmaßnahmen auf Hochtouren. Fast jedes Haus erhielt vom Staat nun einen sogenannten Schutzraum. Hierbei handelt es sich um einen Raum im ersten Stockwerk des Halliggebäudes, der einem kleinen Betonbunker ähnlich ist: Fußboden, Decken und Seitenwände bestehen aus Stahlbeton, der ganze Raum ist nicht direkt mit den anderen Teilen des Gebäudes verfugt. Er steht auf vier starken Stahlbetonpfählen, die tief bis zur Sohle der Warft hinabreichen. Nach menschlichem Ermessen bietet dieser Raum Schutz vor allen nur möglichen Sturmfluten. Denn sollte jemals wider alles Erwarten eine sintflutartige Sturmflutkatastrophe kommen und sollten die neuen Häuser dann zerschlagen werden, dann bliebe der Schutzraum auf seinen vier Pfählen stehen: Die in ihm sich aufhaltenden Hausbewohner wären gerettet. Bei den neuen Häusern findet man die Schutzräume meist als Giebelstuben im Süden des Hallighauses.

Zur weiteren Sicherung der Halligbewohner wurden alle Warften der Hallig bis auf die Westerwarft erhöht. Zusammen mit dieser Erhöhung der Warften wurde eine Abflachung der Warftböschungen durchgeführt. Die Warft hat ja für den Halligbewohner dieselbe Funktion wie der Deich für den Marschbewohner. Sie muß deswegen wie der Deich eine flache Böschung haben, damit die Wellen sich auf ihr auslaufen können und im Hinunterströmen die Kraft der nächsten Welle bremsen können.

Jedem Halligbewohner wurde es im Rahmen des Sanierungsprogrammes ermöglicht, mit großzügiger Unterstützung des Staates sein Wohnhaus und die dazugehörigen Stallgebäude neu zu bauen. Aus eigener wirtschaftlicher Kraft wären die Halligleute hierzu nicht in der Lage gewesen. Weitgehende Hilfe des Staates war also unabdingbar erforderlich. Trotz aller Unterstützung blieb für die

Halligbewohner immer noch eine nicht unbeträchtliche Schuldenlast; denn die Herbeischaffung des notwendigen Baumaterials und die Beherbergung der Handwerker steigerten die Baukosten auf 40% über den entsprechenden Festlandspreisen. — Aber durch die neuen Wohngebäude war den Halligleuten erstmals die Möglichkeit gegeben, die zusätzliche Erwerbsquelle des Fremdenverkehrs voll auszunutzen. Moderne Fremdenzimmer wurden gebaut. Strom hatte die Hallig schon 1959 bekommen. Es fehlte jetzt nur noch das fließende Wasser. Es kam 1970 vom Festland auf die Hallig. Damit war für den Fremdenverkehr eine wichtige Voraussetzung erfüllt. Denn der Gast, der für seine Urlaubszeit auf die Hallig kommt, hört zwar gerne »romantische« Berichte aus den gemütlichen Tagen der blakenden Petroleumlampe, doch ist ihm im allgemeinen der mit dem elektrischen Strom zusammenhängende Komfort unverzichtbar. Zumeist ist ihm auch gar nicht klar, in welchem Maße er von der Elektrifizierung abhängig ist. — Auch erfährt der Gast gerne von Zeiten der Trinkwassernot, wenn in heißen Sommern die Zisternen und Fethinge versiegten oder wenn sie nach Sturmfluten versalzen waren, aber am eigenen Leibe mag er solche Zeiten nicht ausprobieren. Er will sich täglich ausgiebig waschen, baden und duschen.

Mit dem neuen Erwerbszweig des Fremdenverkehrs, der in den Jahren nach 1962 allmählich zunahm, wurden die Einkommensmöglichkeiten der Halligbewohner erheblich verbessert. Erstmals lernten sie den Komfort des Festlandes kennen. Sie nahmen teil am Fortschritt. Das bedeutete auch Abschiednehmen vom bisher Vertrauten und Liebgewonnenen. Und hier läßt sich nun eine merkwürdige Beobachtung machen: Vielfach verlangt der Besucher der Hallig, daß die alten Zustände hier zu konservieren seien, damit es wenigstens einen Ort gebe, wo man erkennen könne, wie es früher

---

Damit der an die Warften herangefahrene Kleiboden dem Meer möglichst wenig Angriffspunkte bot, wurde er sofort mit Grassoden, die aus dem Halligboten herausgeschnitten wurden, ausgelegt. —
Die Halligháuser, die nach 1962 gebaut wurden, baute man ein erhebliches Stück über der Fußbodenhöhe der alten Halligháuser.

gewesen sei. Den Halligbewohner, der sein ganzes Leben auf der Hallig verbringt, mutet eine solche Vorstellung merkwürdig an. Er will schließlich kein Museumsstück sein, sondern auch ein Mensch des 20. Jahrhunderts.

Der Abschied von der Petroleumlampe und der Trinkwassernot fiel ihm deswegen auch nicht eigentlich schwer. Den Komfort der neuen Häuser tauschte er gerne gegen die »gemütliche« Enge des alten Halligahauses ein. Die neuen Häuser und Ställe machen das Leben bequemer. Und es ist unbillig zu verlangen, daß der Halligbewohner hiervon ausgeschlossen sein müsse.

Also gibt es viele Veränderungen: Wo noch vor wenigen Jahren der »Bileggerofen« (Beileger) mit »Ditten« (getrocknetem Kuhmist) von der Küche aus beheizt wurde, dort findet man nun zentral beheizte Räume. Von einem Thermostaten wird die Temperatur der Wohnräume gesteuert. Und dies ist auch für den Gast, der z. B. über Silvester die Hallig besucht, überaus wichtig und angenehm. Er mag schließlich nicht gerne in feuchten Betten schlafen. — Die neuen Häuser haben ein Dach aus Pfannen oder Eternit. Der Halligbesucher bedauert das. Er findet das frühere Reethdach stilvoller, aber er soll ja auch nicht die Feuerversicherung bezahlen, die für ein reethgedecktes Haus ein Vielfaches dessen ausmacht, was für ein Haus mit Hartbedachung zu zahlen ist. Darüber hinaus stehen die Häuser auf den Warften dichtgedrängt aneinander. Ein brennendes Haus bedeutet deswegen höchste Gefahr für die ganze Warft. Und reethgedeckte Häuser sind mehr vom Feuer gefährdet als andere. Es kommt als weitere Schwierigkeit hinzu, daß es immer schwieriger und teurer wird, einen Dachdecker und das dazugehörige Material für Reparaturen an einem Reethdach zu bekommen.

Im Vergleich zu den Warften hat sich das Bild der Halliglandschaft wenig gewandelt. Doch wo man vor einem Jahrzehnt noch viele Schafe auf den Fennen (Weiden) sah, sieht man heute nur noch Rindvieh. Auf die Schafswolle und ihre Verarbeitung ist man auch auf der Hallig nicht mehr angewiesen, seit die Kunstfaser ihre Herrschaft angetreten hat. Es kommt hinzu, daß die Schafe sehr oft und sehr leicht bei Überflutungen der Hallig ertranken. Ihr dickes Fell saugte sich voll Wasser und ließ die Tiere schnell untergehen. Die Rinder dagegen schwimmen an die Warften oder sie retten sich auf andere höher gelegene Stellen in der Hallig, wenn überraschende Landunter eintreten. — Neuerdings sieht man wieder einige Pferde auf der Hallig grasen, nachdem es jahrelang kein Pferd mehr auf Hooge gegeben hatte. Diese Pferde dienen jedoch nicht wie früher der Landwirtschaft, sondern dem Fremdenverkehr. Sie ziehen den Kutschwagen mit Badegästen, und sie werden zu Reitstunden an Interessenten vermietet.

Die einzige Form der Landwirtschaft, die auf der Hallig möglich ist, ist die Weidewirtschaft. Jede andere Bewirtschaftung der Hallig verbieten die ständigen Überflutungen im Herbst und Frühling, die den Boden versalzen. Getreide und Hackfrüchte können auf einem solchen Boden nicht gedeihen. Versuche, zu anderen Arten der Bewirtschaftung zu kommen, die in den dreißiger Jahren unternommen wurden, müssen als gescheitert angesehen werden. Der Halliglandwirtschaft dienen heute Traktoren. Früher wurde das kurze Halliggras mit der Sense gemäht, mit der Holzharke zusammengeharkt und zu Ruuken (Diemen) aufgestellt. Heute besorgen diese einst so mühselige Arbeit landwirtschaftliche Maschinen. In einem einzigen Arbeitsvorgang wird das Gras gemäht und zu Ballen gepreßt, die dann zum Trocknen aufgestellt und später auf den Warften in großen Diemen, den »Heuklamps«, als Wintervorrat aufgeschichtet werden.

Früher dagegen wurde das Halligheu in große Heulaken verschnürt und mit dem Pferdewagen oder mit der Schubkarre nach Hause gefahren und dort mühsam auf den Heuboden geschafft.

Noch vor wenigen Jahren wurden die Kühe alle mit der Hand gemolken. Seitdem es Strom gibt, hat auch hier eine Arbeitserleichterung stattgefunden: Abends und morgens werden die Kühe zur Melkmaschine getrieben, die der Bäuerin die langwierige Arbeit abnimmt. Mit der elektrischen Zentrifuge werden Sahne und Milch voneinander getrennt. Die Sahne wandert sofort in die Gefriertruhe, wo sie bei einer Temperatur von — 32 Grad Celsius eingefroren wird. Die Milch wird für die Kälberaufzucht verwandt. Der tiefgefrorene Rahm wird allwöchentlich, im Winter nicht ganz so oft, zu einer Meierei auf das Festland geschickt. Dort werden die Sahneblöcke aufgetaut und zu Butter verarbeitet. In den letzten Jahren hat die Sahneproduktion abgenommen: Man läßt auf den Fennen Vieh grasen, das nicht gemolken zu werden braucht; denn im Sommer braucht man alle Hände für den Fremdenverkehr.

Die früher weitverbreitete Sitte des Brotbackens im eigenen Backofen ist inzwischen fast überall verschwunden. Ein Bäcker des

Festlandes beliefert die Hallig mit Brot, Kuchen und Gebäck. In einigen Gastwirtschaften der Hallig kann man aber noch selbstgebackenen Platenkuchen und Halligknerken zu einer Tasse Kaffee bestellen.

Zusammenfassend muß gesagt werden, daß die Hallig an die Neuzeit herangeführt wurde. Das Wohlstandsgefälle inbezug auf das Festland gibt es nicht mehr. Dies ist ein großer Erfolg des ersten Halligsanierungsprogrammes.

Nach dessen Abschluß wurden auf der Hallig Hooge Stimmen laut, die geltend machten, daß die Hallig auch weiter noch als »Entwicklungsgebiet« zu betrachten sei. Die bisherigen Maßnahmen des Programms Nord, die für die Hallig getroffen worden waren, dürften nur als dessen erste Phase gelten. Diese erste Phase war wesentlich landwirtschaftlich bestimmt gewesen: Der Fremdenverkehr auf der Hallig wurde als sekundär erachtet, als willkommener Zusatzerwerb für die Landwirtschaft. Es zeigte sich im Verlaufe der Zeit, daß die Landwirtschaft unter Halligbedingungen einer Strukturkrise bzw. einem Strukturwandel zusteuerte. Als Vollexistenz konnte sie unter den gegebenen Bedingungen nicht betrachtet werden: Die meisten Betriebe waren zu klein, und die einzige Wirtschaftsform waren Milcherzeugung und Fettgräsung, wobei die letztere infolge der minderen Qualität des Halliggrases nur eingeschränkt als solche zu bezeichnen war. Eine Vergrößerung einzelner landwirtschaftlicher Betriebe wurde angestrebt, stieß aber auf die Bebauungsgrenzen der Warften. Denn für eine Betriebsaufstockung wurde eine Erweiterung der Stallgebäude notwendig, damit die Tiere auch im Winter und bei Überflutungen der Hallig untergebracht werden konnten. Das Warftsanierungsprogramm galt aber als abgeschlossen. Auf der anderen Seite jedoch gab es Betriebe, die die Landwirtschaft aufgeben und ihre Ställe für Zwecke des Fremdenverkehrs

---

Grasendes Vieh gehört unter den hohen Himmel der Hallig. — Die Landwirtschaft unter Halligbedingungen ist schwierig und wenig ertragreich. Sie hat in den letzten Jahren einen Strukturwandel durchgemacht. Früher war sie die Haupterwerbsquelle der Halligleute. In dieser Rolle wurde sie durch den Fremdenverkehr abgelöst.

nutzen wollten. Sie konnten ihr Land jedoch nicht verpachten, weil aus den angegebenen Gründen kein Landwirt da war, der den freiwerdenden Tierbestand aufnehmen konnte. Eine zweite Phase des Programms Nord erschien vielen notwendig, diesmal unter besonderer Berücksichtigung des Fremdenverkehrs. Denn aus eigener Kraft würden die Halligleute nicht imstande sein, die notwendigen Maßnahmen zu ergreifen und durchzuführen.

Die Bemühungen der Halligbevölkerung, welche vom Kreis Nordfriesland aufgegriffen wurden, zielten auf Maßnahmen zu einer grundsätzlichen Verbesserung der Erwerbs- und Wirtschaftsstruktur der Hallig. Von der Gemeinde Hooge wurde ein »Rahmenplan Tourismus Hallig Hooge« vorgelegt.

Es kamen die Sturmfluten vom Januar 1976. Ihre Schäden unterstrichen die Forderung nach einem zweiten Halligsanierungsprogramm: nach zusätzlichen Schutzmaßnahmen für die zwischen 1961 und 1967 sanierten Gebäude und nach Sanierung der Wohngebäude, die zwischen 1961 und 1967 nicht saniert worden waren, ferner nach planerischer Neuordnung der Warftbebauung. Einige

Fethinge sollten nach den Vorstellungen der Halligbevölkerung verfüllt werden, um auf den dichtbebauten Warften Freiraum zu schaffen, der dann für gemeindliche Zwecke zur Verfügung stehen konnte. Ferner sollten die Warften weiter abgeflacht werden, und schließlich sollte die Abwasserbeseitigung verbessert werden.

Aber die Kosten für ein solches Programm erwiesen sich als zu hoch. Es scheiterte aus finanziellen Gründen.

1978 aber stellte das Land Schleswig-Holstein für Dorferneuerungsmaßnahmen auf Hooge, Langeneß, Oland, Gröde und Nordstrandischmoor 3,2 Millionen DM zur Verfügung. Auf die Hallig Hooge entfiel fast eine Million DM, die für Erschließungsmaßnahmen (Wegebau und Beleuchtung) genutzt wurden. Zur Erhaltung der vorhandenen Bausubstanz konnten jetzt die Fenster, Türen und Kellerschächte der Halliggebäude mit Luken zum Schutz gegen Hochwasser verschottet werden, so daß bei hohen Sturmfluten nun kein Wasser mehr in die Häuser eindringen kann. Die Fethinge wurden restauriert. Diese Maßnahme diente in erster Linie der Verschönerung des Halligbildes innerhalb der Warften. Vier Fethinge wurden verfüllt. Es handelt sich dabei um je einen Fething auf der Bakkenswarft und auf Mitteltritt und um zwei Fethinge auf der Ockenswarft. Auf jeder Warft verblieb allerdings ein Fething, damit im Notfalle die Wasserversorgung gewährleistet ist. Ferner wurden Maßnahmen zur Erhaltung landwirtschaftlicher Bausubstanz mit ortsbildprägendem Charakter durchgeführt. Aus diesem Bereich seien als Beispiele genannt die Wiederherstellung von Reethdächern, Hofplatzbefestigungen, neue Einfriedungen, die Instandsetzung alter Stallgebäude und die Errichtung von Grünanlagen und Windschutzzonen. Mit dem ersten Halligsanierungsprogramm waren die Stallungen erheblich vergrößert und modernisiert worden. Die Arbeit war dem Halligbauern erleichtert worden. Trotzdem war, wie sich herausstellte, die Hallig nicht in der Lage, mit der Landwirtschaft auf dem Festland zu konkurrieren. Zwar bekamen die Landwirte seit 1974 von der EG wie die Bergbauern auf den Almen der oberbayerischen Alpen eine Ausgleichszugabe. Diese wird in erster Linie aus landschaftspflegerischen Gründen gewährt und soll gewährleisten, daß die Landschaft nicht zur ungepflegten Sozialbrache wird. Doch die kleinen Halligbetriebe blieben in ihrer landwirtschaftlichen Existenz gefährdet. Man sah sich nach zusätzlichen, auch bequemeren Erwerbsmöglichkeiten um, und diese fanden sich im Bereich des Fremdenverkehrs. Er wurde allmählich zur wichtigsten Neben- und zur Haupterwerbsquelle: Ställe wurden zu Jugendlagern und Appartements umfunktioniert. So gab es im Jahre 1971 auf der Hallig Hooge noch 24 Landwirte, zehn Jahre später waren es nur noch sieben Bauern. Von diesen begründete nur noch einer seinen Lebenserwerb völlig auf der Landwirtschaft.

Nun ist aber die Bewirtschaftung des Halliglandes für die Hallig unabdingbar, da andernfalls die Hallig allmählich ihre Wellenbrecherfunktion nicht mehr erfüllen würde. Dies ist der Halligbevölkerung durchaus bewußt. Die sieben »Großbauern« bewirtschaften jetzt den größten Teil des Halliglandes. Der kleinere Teil wird von Pensionsvieh beweidet: Fremdes Vieh wird vom Festland bzw. von der Insel Pellworm im Mai zur Gräsung auf die Hallig gebracht. Vor der Sturmflutzeit, d. h. zu Anfang Oktober, wird es dann wieder zurückgeschafft. 1976 hielten sich schon 170 Stück Vieh auf der Hallig in »Pension« auf, 1980 waren es bereits 435 Tiere.

Auf ein schwieriges Problem sei in diesem Zusammenhang noch hingewiesen: Die Städte werden immer unwirtlicher, und in entsprechendem Verhältnis dazu wächst der Wunsch vieler Stadtbewohner, auf dem Lande in einsamer Lage ein Haus für das Wochenende zu besitzen. Wenn dieses Haus noch auf einer Hallig liegen könnte, wie wunderbar! In dem Maße, in dem sich die Verkehrsferne der Hallig verringert hat, verstärkt sich für die Hallig die Gefahr, daß hier eine Boden- und Hausspekulation einsetzt, mit der der Halliggemeinde in keiner Weise gedient ist. Denn auf den Halligen ist der bebaubare Platz sehr begrenzt. Die Warften können nur von jeweils wenigen Familien bewohnt werden. Für die Halliggemeinde als kommunale Körperschaft wäre es verhängnisvoll, wenn immer mehr Zweitwohnungen von Festländern auf der Hallig zu finden wären. Auf Hooge gibt es heute bereits elf Zweitwohnungshaushalte, die die meiste Zeit des Jahres nicht genutzt werden. Ihnen stehen 51 andere Haushaltungen gegenüber, d. h. ein rundes Fünftel der Haushaltungen sind Zweitwohnungshaushalte. Es besteht die Gefahr, daß diese Zahl sich noch vergrößert. Halligleute können gegen die äußerst lukrativen Angebote für freiwerdende Häuser und Wohnungen nicht konkurrieren! Wie dieses Problem bewältigt werden soll, ist höchst ungewiß. —

Der Rückgang der Landwirtschaft auf Hooge war aufs engste verkoppelt mit der Entwicklung des Fremdenverkehrs, ja, ohne ihn hätte sich wahrscheinlich die wirtschaftliche Struktur der Hallig in den letzten Jahren nicht so umwälzend verändert. Er hat für Hooge heute dieselbe Existenzbedeutung, wie sie zu Beginn des ersten Halligsanierungsprogrammes im Jahre 1961 die Landwirtschaft einnahm. Die Bettenzahlen und die Übernachtungszahlen sprechen hier eine ganz deutliche Sprache: Während es 1955 nur 30 Betten mit rund 2000 Übernachtungen gab, waren es 25 Jahre später 360 Betten mit mindestens 50 000 Übernachtungen. Die durchschnittliche Belegungsdauer liegt bei weit über 100 Tagen. Auch in der Vor- und Nachsaison, zu Ostern, Pfingsten, zu Weihnachten und Neujahr ist die Hallig oft ausgebucht.

Hooge ist zum Urlaubsziel für Individualisten geworden, die die Ruhe und Einmaligkeit der Halligwelt einmal erleben wollen. Sie finden in den Privatquartieren gute Unterkünfte, und wenn sie in Gruppen oder als Schulklassen kommen, dann werden sie in den Jugendlagern der Hallig zeitgemäß untergebracht. Ihren Gästen bietet die Hallig gute Bademöglichkeiten. Vor allem stellt sie ein überschaubares kleines Gemeinwesen dar, das auf den Städter große Anziehungskraft ausübt. Hallig Hooge eignet sich im übrigen sehr gut als Ausgangsstation zum Kennenlernen der nordfriesischen Hallig- und Inselwelt.

Die Bedeutung des Fremdenverkehrs auf der Hallig kommt sichtbar in »Uns Hallig Hus« zum Ausdruck. Dieses mit Unterstützung des Landes Schleswig-Holstein und des Kreises Nordfriesland auf der Hanswarft errichtete Gemeindehaus ist als Stätte der Begegnung zwischen Gästen und Einheimischen gedacht. Neben dem Verkehrs- und Fundbüro befindet sich dort ein Vortrags- und Festsaal. In ihm werden Vorträge über die Halligwelt gehalten und sonstige Veranstaltungen durchgeführt. Allwöchentlich gibt die Gemeinde einen Veranstaltungskalender heraus, in dem Wattwanderungen, Schiffahrten und Vorträge angezeigt werden.

Einen erheblichen Beitrag zur Betreuung der Halliggäste und zum Aufschwung des Fremdenverkehrs insgesamt leistete die »Schutzstation Wattenmeer«, die auf der Hanswarft in einem ehemaligen landwirtschaftlichen Gebäude Unterkunft gefunden hat. Sie hat sich zum Ziel gesetzt, für den Naturschutzgedanken zu werben. Diesem Ziel dienen auch die Seminare, die sie auf der Hanswarft veranstaltet. Themen dieser Veranstaltungen sind Botanik, Ökologie des Watts, Meeresbiologie und die Vogelwelt der Hallig.

Einzelne Besucher wie auch Schulklassen, Studienseminare, Studenten- und Jugendgruppen und Volkshochschulen besuchen ihre Kurse mit großem Gewinn.

Abschließend läßt sich sagen, daß die Änderungen in der Sozialstruktur der Hallig geradezu umwälzend waren. Sie sind im großen und ganzen von der Gemeinde in den letzten Jahren mit Hilfe des Kreises, des Landes und des Bundes so gemeistert worden, daß die Hoffnung besteht, daß auch ein Gleiches für die Probleme der Zukunft zu erwarten ist.

Trotz aller Neuerungen blieb bisher der eigenartige Zauber der Halliglandschaft erhalten: Vogelwelt und Flora haben die getroffenen Maßnahmen nicht verändern können. Vor allem bleiben das Meer und darüber der unermeßliche Himmel Nordfrieslands, doppelt grenzenlos durch ihren vielfältigen Bezug auf die kleine Hallig.

## Die Schule auf der Hallig Hooge

Die Schule der Hallig Hooge befindet sich im Zentrum der Hallig auf der Ockelützwarft, die auch Schulwarft genannt wird. Das Schulgebäude wurde 1967 eingeweiht. Es umfaßt den Schulteil und die Lehrerwohnung. Der Neubau der Schule war 1965 notwendig geworden, weil der bis dahin vorhandene Klassenraum einfach zu klein war. Aus eigener Kraft hätte die Gemeinde die erforderlichen 450000 DM für den Neubau nicht aufbringen können, doch Kreis und Land waren hinsichtlich der Zuschüsse sehr großzügig. Und so wurden durch den Neubau die Bildungsmöglichkeiten der Halligschüler wesentlich erweitert: Durch den Ausbau eines Bodenraumes zu einem Gymnastikraum ist die Möglichkeit gegeben, das ganze Jahr hindurch Turnunterricht zu erteilen, unabhängig von dem jeweils herrschenden Wetter. Die Hooger Schule war bis in die jüngste Vergangenheit immer eine einklassige Schule, d. h. in ihr wurden Schüler aus neun verschiedenen Schülerjahrgängen von einem Lehrer in einem Raum zur gleichen Zeit unterrichtet, und Stillarbeit spielte in dieser Schule eine wichtige Rolle.

Um dem Lehrer in der einklassigen Schule seine Arbeit zu erleichtern und um die Bildungschancen der Halligkinder zu verbessern, beantragte die Gemeinde Hooge beim Schulamt des Kreises Nordfriesland die Zuweisung einer zweiten Lehrerplanstelle. Sie wurde am Ende der sechziger Jahre bewilligt, konnte aber wegen Lehrermangels nicht besetzt werden. Inzwischen ist aber nun die Halligschule tatsächlich zweiklassig geworden: Zwei Lehrer sind in ihr tätig. Der eine unterrichtet in der Grundschule, d. h. in den Klassen 1 bis 4, der andere in der Hauptschule, d. h. in den Klassen 5 bis 9. Als ich auf Hooge Lehrer war, war die Schülerzahl sehr hoch. Zeitweise waren 38 Kinder in der einklassigen Schule, und alle Schülerjahrgänge waren vertreten. Inzwischen hat die Schülerzahl auf die Hälfte abgenommen, und nicht immer sind alle Jahrgänge besetzt, d. h. nicht jedes Jahr werden Kinder eingeschult.

Für die beiden Lehrkräfte bedeutet der Unterricht in einer weniggegliederten Schule trotz der eingetretenen Erleichterung eine besondere Herausforderung. Diese Art des Unterrichts bringt besondere Schwierigkeiten mit sich. Um einigermaßen zurechtzukommen, muß der Lehrer Kinder verschiedener Jahrgänge zu Leistungsgruppen zusammenfassen: Schüler des 5. und 6. Schuljahres müssen z.B. gemeinsam in einem Mathematikbuch arbeiten, während die Schüler des 7. bis 9. Schuljahres sich still im Fach Erdkunde mit Arbeitsaufgaben zum Thema »Das Ruhrgebiet« befassen. Für den Lehrer macht dies eine Aufgliederung des Stoffes in verschiedene Jahresprogramme notwendig, die dem unterschiedlichen Verständnis der Schüler der verschiedenen Altersstufen angemessen sind. Er steht dabei ständig in der Gefahr, einige Schüler zu überfordern, anderen aber nicht genügend abzuverlangen. So wird z. B. der Erdkundestoff auf die vier Oberstufenschuljahre aufgeschlüsselt. Wer neu in die Oberstufe eintritt, beginnt seinen Erdkundeunterricht entweder mit Deutschland, mit Europa oder mit den außereuropäischen Ländern. Die Schwierigkeiten eines solchen Verfahrens liegen auf der Hand. Die Zusammenfassung mehrerer Jahrgänge zu einer Unterrichtsgruppe bringt weitere Nachteile mit sich: In den Schulfächern Physik/Chemie, Biologie, Geschichte und Erdkunde, im Deutschunterricht und vor allem im Fremdsprachenunterricht (Englisch) kommen die Kinder einfach zu kurz. Der direkte Unterricht durch den Lehrer kann meist nur auf kurze Anweisungen beschränkt sein. Zu ausführlicheren Gesprächen über ein Lesestück z. B. ist kaum Zeit vorhanden; denn im Hintergrund wartet dann schon wieder ein anderes Schuljahr, das mit seinen Rechenaufgaben fertig ist, oder wieder ein anderes, das mit der Arbeit im Sprachbuch nicht vorankommen kann, weil es die Arbeitsanweisung nicht versteht, oder das 5. Schuljahr, das in die Bruchrechnung eingeführt werden muß, oder gar alle zusammen. Der Lehrer kann die Kinder immer nur dazu anleiten, den ersten Zugang zum Stoff zu finden. Das Weitere muß er der Eigenarbeit des Kindes überlassen. Selbsttun heißt darum die Devise der zweiklassigen Schule. Und hierin liegen nun auch ihr spezifischer Wert und ihr Vorteil. In dieser Schule lernen die Schüler, sich selbständig und eigenverantwortlich mit einem Problem auseinanderzusetzen, und sie lernen, einander in gegenseitiger Partnerschaft beizustehen. Denn nicht immer steht der Lehrer zu einer Erklärung zur Verfügung, wenn unerwartete Hindernisse bei der Erarbeitung eines neuen Stoffes oder Sachgebietes auftauchen. Dann müssen die guten Schüler den weniger guten helfen, dann müssen die älteren den jüngeren Hilfestellung leisten. Einen großen Teil der ihm zur Verfügung stehenden Zeit verbraucht der Lehrer zur Einübung von Arbeitstechniken, die in der wenigge-gliederten Schule notwendig sind: Die Schüler sollen und müssen z.B. lernen, in welchen Nachschlagwerken Lösungen und Antworten auf ihre Fragen zu finden sind. Sie sollen und müssen die erledigten Aufgaben selbständig überprüfen können und, wenn es notwendig ist, diese verbessern und korrigieren.

Der mündliche Unterricht kommt in dieser Schulart zwar zu kurz. Aber inbezug auf Selbständigkeit, Konzentration, Ausdauer, Arbeitsverhalten haben die meisten Schüler der weniggegliederten Schule ihren Altersgenossen in den reinen Jahrgangsklassen der durchgegliederten Schulsysteme etwas voraus. Sie verstehen es, mit Beharrlichkeit, Selbständigkeit und Ausdauer Aufgaben anzupacken, nach Lösungswegen zu suchen und diese zu finden. In der vollausgebauten Schule und in reinen Jahrgangsklassen gerät der Lehrer leicht in Versuchung, seinen Schülern nicht notwendige Hilfestellung zu geben, wenn etwas nicht sogleich klappt. In der zweiklassigen Schule muß das Kind sich zunächst lange Zeit selbst um die Lösung bemühen. Das zahlt sich, auf die Dauer gesehen, aus: In Vergleichsarbeiten, die schulartübergreifend geschrieben werden, schneiden die Schüler der weniggegliederten Schule meistens genauso gut und oft sogar besser ab.

Die Lehrer an der zweiklassigen Schule müssen pädagogische

Zehnkämpfer sein. Sie sollen turnen, singen und basteln können. Sie sollen die Fächer Erdkunde, Englisch, Biologie beherrschen, und gleichzeitig sollen ihnen physikalische und chemische Experimente glücken. Ihre wichtigste Aufgabe aber ist die Organisation des Unterrichts und des Lernens.

Für die Kinder des Festlandes kommt mit dem Ende des 4. Schuljahres zumeist der Zeitpunkt der Entscheidung heran, ob eine weiterführende Schule besucht werden soll oder nicht. Für die Eltern eines Halligkindes wird eine solche Entscheidung besonders schwer. Denn der Besuch eines Gymnasiums oder einer Realschule ist immer mit dem Verlassen der heimatlichen Hallig und des Elternhauses verbunden. Das nächstgelegene Internat liegt in St. Peter-Ording. Die Kostenfrage spielt bei solchen Entscheidungen natürlich eine wesentliche Rolle. Den Eltern wurde in den letzten Jahren ihre Entscheidung jedoch wesentlich erleichtert: Kreis und Land beschlossen, den besonderen Schwierigkeiten der Hallig Rechnung zu tragen. Die Kinder der Hallig, die weiterführende Schulen besuchen, werden finanziell unterstützt.

Trotzdem bleiben die Kinder im allgemeinen nach ihrer Grundschulzeit auf der Hallig. Für weiterführende Schulabschlüsse nutzen sie meist die Möglichkeiten der Kreisberufsschule in Husum. Dort können sie nach Abschluß ihrer Hauptschulzeit in zwei Jahren die mittlere Reife erlangen, an die sich dann möglicherweise der Besuch des Fachgymnasiums anschließt, der zum Abitur führt. Diesen Schulweg haben schon viele Kinder der Hallig mit Erfolg bestritten.

---

Die Kirchwarft auf Hallig Hooge mit Kirche, Glockenstapel und dem großen Pastorat. — Bis zur großen Manndränke von 1634 war die »Alte Kirche« auf Pellworm die für die Hallig Hooge zuständige Kirche. Aber schon seit 1600 hielt ein Kaplan in einem Hause auf der Hanswarft Gottesdienst, weil sich das Rummelloch, der Priel zwischen Hooge und Pellworm, ständig verbreiterte. In den Jahren 1637/42 wurde dann die kleine Kirche gebaut, deren Einrichtungsgegenstände zum größten Teil aus Kirchen stammen, die in der großen Sturmflut von 1634 zerstört wurden.

# Die Kirche auf der Hallig Hooge

Im Gebiet der nordfriesischen Uthlande hat es früher viele Kirchspiele mit vielen Kirchen gegeben. Sie sind in den großen Sturmflutkatastrophen des Mittelalters zum Raub der See geworden. Es gibt mehrere Belege für die Behauptung: So hat der Husumer Kartograph Johannes Mejer 1651 versucht, die Uthlande so zu kartographieren, wie sie um 1240 aussahen. In seiner »Landtkarte Von dem Alten Nortfrieslande« in Caspar Danckwerths »Newer Landesbeschreibung« findet man eine Fülle von untergegangenen Kirchdörfern. Wenn auch der Rekonstruktionsversuch von Johannes Mejer zwar als verfehlt zu betrachten ist, so weisen doch die Berichte verschiedener Chronisten ebenfalls darauf hin, daß es in den Uthlanden viele Kirchen gegeben hat. Zum Teil handelt es sich dabei um Holzkirchen. Als weiterer Beleg dafür, daß viele Kirchen der See zum

Opfer fielen, ist zu werten, daß im Watt immer wieder Kulturspuren zutage treten, die zeigen, daß der von Menschen besiedelte Raum früher viel größer war als heute: Nördlich von Nordstrand findet man im Watt die Fundamente der 1634 untergegangenen Kirche des Dorfes Morsum von der Insel Alt-Nordstrand. Und im Süden der Hallig Hooge entdeckte man 1965 einen Friedhof in der Nähe eines Prieles, der volkstümlich »Schorkscheswarft Ley« (Kirchwarfts-Ley) genannt wird. Vielleicht handelt es sich hier um den Friedhof neben der untergegangenen Kirche der Hallig Hooge. Diese alte Kirche von Hooge soll nach einem Bericht von Anton Heimreich in seiner »Nordfriesischen Chronick« aus dem Jahre 1666 in der großen Manndränke von 1362, der Flut, die auch die Stadt Rungholt zerstörte, untergegangen sein. Neben der Hooger Kirche wurden damals viele weitere Kirchen und Kirchspiele im Gebiet der Uthlande zerstört. Die Bewohner von Hooge wurden nun nach Pellworm eingepfarrt. Die »Alte Kirche« der Insel Pellworm, südöstlich von Hooge an ihrem markanten Turm auszumachen, wurde jetzt die Kirche für die Hooger Bevölkerung. Damals waren Hooge und Pellworm nur durch einen schmalen Priel voneinander getrennt. Der Sage nach brauchte man nur auf einen Eimer oder Pferdeschädel zu treten, der in der Mitte des Prieles lag, um von Hooge nach Pellworm zu gelangen. Im Verlaufe der Jahre verbreiterte sich dieser Priel allerdings immer mehr und wurde zu dem heutigen »Rummelloch« zwischen Hooge und Pellworm. Um 1600 bekam Hooge einen eigenen Geistlichen zugewiesen.

1634 brach eine zweite Manndränke über Nordfriesland herein. Sie zerriß die Insel Alt-Nordstrand in zwei Teile. Das heutige Pellworm und das heutige Nordstrand sind als die Überreste von Alt-Nordstrand zu betrachten. Wieder wurden zahlreiche Kirchen von den Wellen zerstört, unter ihnen auch die Kirche von Osterwohld, die im Jahre 1624 auf Alt-Nordstrand neu errichtet worden war. Diese zertrümmerte Kirche von Osterwohld lieferte nun das Baumaterial für die Hooger Kirche: Ihre Backsteine, ihr Gestühl, ihre Taufe, vermutlich auch ihre Kanzel und ihr Chorgitter fanden in der neuen Hooger Kirche Verwendung, die nun nach der großen Manndränke, die die Entfernung zwischen Hooge und Pellworm vermutlich weiter vergrößert hatte, gebaut wurde. Nach den Kirchenrechnungsbüchern vollzog sich der Bau in den Jahren 1637/42.

Es ist so erklärlich, daß ein Großteil des Inventars der Hooger Kirche heute älter ist als das Kirchengebäude selbst. — Die Hooger Kirche ist Johannes geweiht, einem der Fischer, die Jünger Jesu wurden. Dies ist ein Hinweis darauf, daß die Fischerei und Seefahrt für die Hallig zur Zeit der Kirchenweihe eine bedeutsame Rolle gespielt haben. Die Hooger Kirche ist eine kleine backsteinerne Saalkirche mit dreiseitigem Schluß im Osten und rundbogigen Fenstern. Die Westwand der Kirche stammt aus dem Jahre 1825. In der damaligen großen Sturmflut war sie zertrümmert worden. Der Landesherr von Nordfriesland, der dänische König Friedrich VI., kam damals auf die Hallig Hooge, um sich über das Ausmaß des entstandenen Schadens zu informieren. Er stiftete das für die Erneuerung der Westwand notwendige Geld. An den Besuch des Königs erinnert die querovale *Erinnerungstafel* über der südlichen Kirchentür und die dänische *Kriegsfregatte*, die von der Kirchendecke herabhängt. An die Sturmflut von 1825 erinnert das eicherne *Kruzifix*, das an der Südseite der Kirche aufgehängt ist. Es trieb damals am Strand der Hallig an. Geschnitzt wurde es aber in der Zeit der Spätgotik, zu Anfang des 16. Jahrhunderts. Das *Gestühl* aus der Osterwohlder Kirche stammt aus dem Jahre 1624. Es weist schön geschnitzte Wangen mit spitzen Giebeln auf. Die Gestühlstüren sind später entstanden. Die *Kanzel* ist in der Form einer halben Emporenkanzel angelegt. Sie ist stilistisch der Zeit der Spätrenaissance zuzuordnen und stammt vermutlich aus der Werkstatt des Flensburger Bildschnitzers Ringeling. An den Pilastern der Kanzel finden sich die Apostel. Sie umrahmen fünf Szenen aus dem Neuen Testament: Die Verkündigung der Geburt Jesu an Maria durch den Engel Gabriel, die Anbetung der Hirten in Bethlehem, Jesus am Kreuz mit seiner Mutter Maria und seinem Lieblingsjünger Johannes, die Auferstehung und die Himmelfahrt Jesu. In niederdeutscher Sprache befindet sich unter jedem Bildfeld die dazugehörige Stelle aus dem Neuen Testament, ins Niederdeutsche übersetzt von Johannes Bugenhagen. Die *Tür zur Kanzel* ist ein Zeugnis der Volkskunst. Sie stammt aus dem Jahre 1743 und ist vermutlich von einem Hooger geschnitzt worden. Damals war die Zeit, in der viele Hooger alljährlich auf große Fahrt nach Grönland fuhren, um dort den Wal zu jagen. Diese Schiffsreisen waren lang, Muße hatte man genug, und so ist dann wahrscheinlich diese schöne Tür entstanden. Sie zeigt über dem Band eine Walmutter mit ihrem Jungen und darunter ein Ehepaar. Umrahmt von einem Blumengewinde, finden sich die Worte eingeschnitzt:

»Den Ein- und Ausgang mein laß dir, o Herr, befohlen sein!« Beim *Altar* der Kirche handelt es sich um einen Neubarockaufbau mit gedrehten Säulen. Bis 1932 befand sich im Mittelfeld des Altars das heute an der Nordseite der Kirche, zwischen den beiden Ehrentafeln für die Weltkriegsgefallenen befindliche Bild des Pelikans, der sich die Brust aufreißt und sein Leben dahingibt für seine Jungen, ein altes Symbol für den Opfertod Jesu. Heute befindet sich im Mittelfeld des Altars ein barockes Kruzifix. Die *Taufe* ist laut Inschrift eine Stiftung der Grafen von Schwerin und Schulenburg: Die vier Evangelisten Matthäus, Markus, Lukas und Johannes tragen eine Platte mit der Kuppa darauf. Die *Orgelempore* im Westen der Kirche wird von einem früheren Chorgitter abgeschlossen, zu dem auch der Flachbogen über dem Norderportal ursprünglich gehörte. Die Apostelbilder an der Brüstung stammen aus dem 18. Jahrhundert. Die elektrisch angetriebene *Orgel* befindet sich erst seit 1959 in der Kirche. Damals erhielt die Hallig elektrischen Strom. Zwei kleinere *Gemälde* befinden sich in der Kirche: neben der Südtür ein Gemälde von Pastor Dr. Koch, der auf Hooge um 1840 einen Feldzug gegen den Alkohol führte, und ein Christusbild, das um 1700 in Italien entstand. Links neben der Südtür befindet sich im Inneren der Kirche eine Tafel, die den Wasserstand bei den letzten hohen Sturmfluten im Kircheninnern anzeigt.

Am Eingang zum Friedhof befindet sich ein sogenannter *Glokkenstapel.* Die unter dem sechsseitigen Helm aufgehängte Glocke aus dem Jahre 1841 wird von vier mächtigen Eichenständern getragen, die teilweise an der Halligkante angetrieben sind.

Der Fußboden der Kirche liegt tiefer als der die Kirche umgebende Friedhof. Das ist ein Hinweis darauf, daß immer wieder Erhöhungen der Warft stattgefunden haben. Der Fußboden der Kirche, des ältesten Gebäudes auf der Hallig, zeigt das ursprüngliche Höhenniveau der früheren Hallighäuser an. Er besteht aus Muschelsand. Durch ihn konnte das Wasser, das bei den Sturmfluten 1962, 1976 und 1981 über den Friedhof durch die Kirche brauste, nach Eintritt der Ebbe wieder ablaufen.

An der östlichen Außenmauer der Kirche ist ein alter Grabstein angebracht. Er scheint den letzten Bewohnern der nach Hooge eingepfarrten, seit dem Ende des 17. Jahrhunderts verlassenen und im Anfang des 19. Jahrhunderts verschwundenen Hayenshallig gehört zu haben. Diese Hallig lag nordöstlich von der Hallig Hooge. Man findet im Watt hier heute noch Spuren, die auf die Hallig hinweisen. Auf dieser Hallig spielt die Sage vom »Licht der treuen Schwester«.

Daß der Grabstein auf dem Hooger Friedhof den letzten Bewohnern der Hayenshallig gehört hat, dafür spricht insbesondere der Umstand, daß nur ein Todesfall darauf verzeichnet ist, während der für eine solche Aufzeichnung freigelassene Raum für die anderen Familienmitglieder unausgefüllt geblieben ist. Das wäre bei einer auf Hooge selbst ansässig gewesenen Familie kaum zu erklären.

Die Inschrift des Steines lautet:

»Anno 16 . . . den . . . ist der ehrachtbahr und wohlvornehmer Man Hage Brodersen sallig in Godt dem Herren entschlafen seines Alters . . . Jahr. Der Seelen Godt gnedich sey.

Anno 1678 den 24. Juni ist dessen hertzliebe Hausehre die ehr und viel tugendreiche Fraw Eicke Hayens sehlich in Godt dem Herren entschlaffen ihres Alters im 38. Jahr. Der Selen Godt gnedich sey.

Anno 16 . . . den . . . ist dessen hertzliebe Hausehre die ehr und viel tugendreiche Fraw (Name unleserlich) sehlich in Godt dem Herren entschlaffen ihres Alters im . . . Jahr. Der Selen Godt gnedich sey.

Dieser hat im Ehestand gelebet mit seiner Frauen Eicke 10 Jahre und 46 Wochen und haben sie 3 Söhne und 3 Töchtern miteinander gezeuget.«

(Das weiter Folgende kann nicht entziffert werden, weil der Stein an dieser Stelle beschädigt ist.)

Auf der Nordseite der Kirche hat Jens Sörensen de Wand, der legendenumwobene Vogelwärter von Norderoog, seine letzte Ruhestätte gefunden. Auf Norderoog bewachte er jahrzehntelang seine Schützlinge, die Seevögel. Jens de Wand ertrank 1950 im Watt zwischen Hooge und Norderoog. Auf dem Weg zu »seiner Hallig« war er bei Nebel vom Weg abgekommen. Seine Leiche trieb auf der Hallig Hooge an. Bei der Beerdigung des »Vogelkönigs« flog eine Rauchschwalbe mehrmals durch die Kirche. Das wurde von der Trauergemeinde als ein Abschiedszeichen seiner Schützlinge verstanden.

Auf dem Friedhof steht ferner ein Kreuz für Heimatlose. Hier wurden im ersten Weltkrieg drei namenlose Marineangehörige beigesetzt, deren Leichname nach der Schlacht im Skagerrak an der Hallig antrieben.

# Salzgewinnung in Nordfriesland

Im Gebiet der nordfriesischen Uthlande spielte die Salzgewinnung im Mittelalter eine führende Rolle im Wirtschaftsleben. Der Salzbedarf des Mittelalters war außerordentlich groß. Das Salz stellte das wichtigste, weil einzige Konservierungsmittel dar. Fleisch konnte nur in Salzlake für längere Zeit haltbar gemacht werden, und die Heringe, mit denen die hanseatischen Kaufleute handelten, waren ohne Salz nicht nach Mittel- und Süddeutschland zu bringen. So war der Bedarf an Salz stets größer als die Produktion. Dies machte die Herstellung von Salz zu einem gewinnbringenden Geschäft.

Die Salzgewinnung in Nordfriesland war äußerst mühevoll. Den Rohstoff für die Salzgewinnung lieferte der Torf, der im Uthlandegebiet im Verlaufe der Jahrhunderte herangewachsen war. Er hatte wiederholt Kontakt mit dem Salzwasser der Nordsee gehabt. Wie ein Schwamm hatte er sich jedesmal mit Salzwasser vollgesogen, hatte die Feuchtigkeit wieder abgegeben und wiederum Salzwasser aufgenommen. Dabei hatte sich die ein bis zwei Meter dicke Torf-

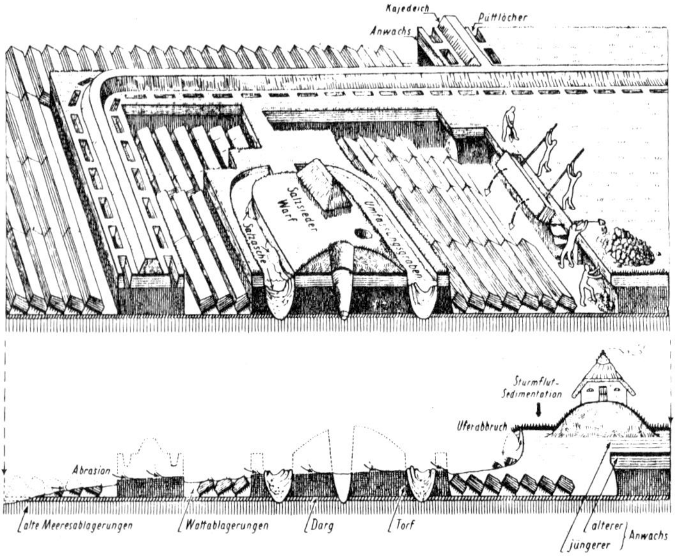


Schematische Darstellung des Salztorfabbaus nach Bantelmann

schicht immer stärker mit Meersalz angereichert. Die Friesen des Uthlandegebietes bauten nun diese Torfschichten ab, trockneten den Torf an der Luft und verbrannten ihn. Die Asche wurde mit Meerwasser ausgelaugt und gefiltert. Danach wurde sie eingedämpft. Während des Kochens setzte sich das Salz ab. Es war das besondere »friesische Salz«. Es schmeckte infolge der enthaltenen Magnesiumsalzbestandteile etwas bitter, doch eignete sich dieses graue Salz sehr gut für die Konservierung von Fisch und Fleisch. — Als die Steinsalzgewinnung immer mehr verbessert und vergrößert werden konnte, wurde das weiße Salinensalz zum Konkurrenten des friesischen Salzes. Es erlag schließlich dieser Konkurrenz, und zum Ende des Mittelalters wurde die Salzproduktion im großen Stil allmählich eingestellt.

Der Abbau des Torfes aber hat seinen Teil zur Zerstörung des Uthlandegebietes beigetragen: Das Niveau des Landes war verhängnisvoll gesenkt worden. Den kommenden Sturmfluten war ihr Spiel wesentlich erleichtert worden.

## Besondere Sitten und Gebräuche auf der Hallig Hooge

Neben dem äußerlichen Wandel der Hallig in den letzten Jahrzehnten, ablesbar an den neuen Häusern und deren Inneneinrichtung, hat sich auch ein innerer Wandel vollzogen, dem vieles zum Opfer gefallen ist. In neuerer Zeit versucht man, dem ein wenig Einhalt zu gebieten. So bemüht man sich wieder um die Pflege und Erhaltung der friesischen Sprache, die in den letzten Jahren fast verschwunden war und die nur noch von einigen wenigen Halligleuten beherrscht wird. Auch gibt es nach langen Jahrzehnten auf Hooge wieder einige friesische Trachten. Man pflegt Volkstanz und Volkstheater.

Uralte Traditionen haben sich zum Teil bis in die Gegenwart erhalten: So sitzen in der Kirche Mann und Frau getrennt, das weibliche Geschlecht sitzt links, das männliche rechts. Auch auf Geburtstagsfeiern sitzen oft noch Männer und Frauen getrennt voneinander. — Bei allen festlichen Gelegenheiten werden die Fahnenmasten beflaggt.

Geburts- und Sterbefälle werden durch ein Kind von Haus zu Haus »rundgesagt« (bekanntgegeben). Bei Geburtsfällen erhält das betreffende Kind überall eine kleine Gabe, um ihm und den Eltern die Mitfreude anzuzeigen.

Im Biikenbrennen und im Treiben am Altjahrsabend hat sich friesisches Brauchtum über die Zeiten hinweg erhalten.

## Das Biikenbrennen

Am Vorabend des Tages von Petri Stuhlfeier, d. h. am 21. Februar, sieht man am Deich der Hallig Hooge einen großen Feuerstoß aufleuchten. Auch von den benachbarten Inseln und Halligen lodern rot große Feuer herüber. Es sind die sogenannten Biikenfeuer. Das Wort »Biike« oder »Biake« ist mit dem heute noch in der Seefahrt gebräuchlichen Wort »Bake« verwandt und bedeutet altfriesisch »Leuchtfeuer«.

In vorchristlicher Zeit war das Biikenbrennen ein Opferfest für Wotan (fries. Weda), den Göttervater und Wind- und Sturmgott. Mit der Bitte um Schutz wurden ihm Opfer dargebracht. Um den heiligen Hügel des Dorfes tanzten alle Einwohner des Ortes, brennende Strohwische in der Hand, und riefen »Wedke tiare!« (=Wotan verzehre, nimm unser Opfer an!). Nach der Christianisierung hielten die Friesen hartnäckig an dem althergebrachten heidnischen Brauch des Biikenbrennens fest. Die Kirche versuchte, das Biikenbrennen umzufunktionieren: Am Vorabend des Tages Petri Stuhlfeier sollte es nun zur Ehre Petri gefeiert werden. Doch gelang dies nur sehr unvollkommen. Noch lange wurde in christlicher Zeit Wotan angerufen. Zudem wurde eine lebensgroße Puppe, »der Petrus«, hergestellt aus ausgestopften Lumpen, auf den Holzstoß gesetzt und mit der Biike feierlich verbrannt. Wahrscheinlich begriff man diese Figur als ein Symbol für die Leiden und Übel des Winters.

Im 17. und 19. Jahrhundert änderte sich der Charakter des Biikenbrennens. In diesen Jahrhunderten war die Seefahrt der Haupterwerbszweig der Inselfriesen. Sie taten auf holländischen, dänischen und hanseatischen Schiffen Dienst und fuhren nach Ost- und Westindien, nach Amerika, England, Grönland. Auf Hooge wurden um 1800 nahezu 100 Seefahrer gezählt, darunter 8 Steuerleute und

18 Kapitäne. Vor ihrer Ausfahrt nach dem Ende des Winters mußten sie alle rechtlichen Angelegenheiten noch regeln; denn es bestand durchaus die Möglichkeit, daß man für immer draußen auf See blieb. Bis zum Tag des Biikenbrennens mußte alles erledigt sein. Dann fuhr man hinaus, begleitet von dem letzten Abschiedsgruß der Heimat, der den Ehemännern und Vätern eine gute Fahrt und eine gesunde Heimkehr wünschte. Der Charakter eines Opferfeuers wurde nunmehr von dem eines Abschiedsfeuers überdeckt.

Heute ist diese Bedeutung nicht mehr aktuell. Die Seefahrt spielt als Erwerbszweig nur noch eine untergeordnete Rolle. Trotzdem wird das Biikenbrennen heute noch gefeiert. Es signalisiert nun aber, daß die Kraft des Winters endgültig gebrochen ist. Die Tage werden nun länger und heller. Die geruhsame Jahreszeit nähert sich ihrem Ende: Mit dem nahenden Frühling kommt die Zeit des äußeren und inneren Hausputzes und der sonstigen Vorbereitung für die Saison. Nicht lange mehr wird es dauern, und die ersten Gäste werden auf die Hallig kommen. Am Vormittag des Petritages findet der Lehrer an der Tafel den Spruch: »Lieber Lehrer, gib uns frei / eine Stunde oder zwei; / denn heut ist der Petritag, / wo man nicht gern lernen mag.«

Die Schuljugend muß die letzten Vorkehrungen für den Biikenbunk treffen. Schon seit Weihnachten haben die Kinder Brennmaterial gesammelt. Jetzt muß es noch kunstvoll aufgeschichtet werden, damit die Flammen am Abend auch hoch auflodern können. Die Mädchen stopfen den »Petrus« aus.

Im wesentlichen ist das Biikenbrennen heute ein Fest der Schuljugend. Nachdem die Biike heruntergebrannt ist, schwärzen sich die Kinder die Hände, um anderen das Gesicht schwarz machen zu können. Wenn die Biike ausgebrannt ist, geht man nach Hause.

## Altjahrsabend auf der Hallig Hooge

Der letzte Tag des Jahres stellt für die Halligkinder etwas Besonderes dar: Am frühen Nachmittag beginnen sie damit, sich zu verkleiden. Die Gesichter werden bunt gemalt oder maskiert, und der Rummelpott, eine mit einer Schweinsblase oder neuerdings mit einer Plastikhaut überzogene Blechdose, wird fertiggestellt. Wenn man sich dann mit einem Korb versehen hat, dann beginnt unter dem Sternenhimmel über der nachtschwarzen Hallig das Rummelpottlaufen. Allenthalben hört man vor den Türen das Lied anstimmen:

»Rummel, rummel, ratje!
Gif mi gau een Fatje (Kuchen)!
Giv mi een, dan bliev ick stahn!
Giv mi twee, dann will ick gahn!
Giv mi dree, dann wünsch ick Glück,
bit de Katt in de Boddermelk versüppt.«

Überall werden den Sängern die Türen geöffnet. Allmählich füllen sich ihre Körbe mit Keksen, Äpfeln, Apfelsinen, Nüssen und Bonbons. Schließlich kommen sie schwerbepackt nach Hause.

Die schulentlassene Jugend zieht in einer großen Gruppe in dieser Nacht ebenfalls von Haus zu Haus. Sie machen vor den einzelnen Häusern überall großen Spektakel. Öffnet sich die Tür, so gehen sie hinein und wärmen sich an einem Teepunsch auf. Findet sich die Tür verschlossen, so muß der Betreffende auf allerlei gefaßt sein: Mag sein, daß er seine Schubkarre am nächsten Morgen auf der anderen Seite der Hallig wiederfindet oder sie am Fahnenmast aufgezogen sieht; mag sein, daß der Ofen nicht ziehen will, weil eine Glasplatte auf dem Schornstein liegt oder daß der Zementsteig vor der Haustür mit glitschigem Seehundstran bestrichen ist.

Um 24 Uhr ist der Spuk zu Ende. Dann wird von den jungen Leuten die Glocke auf der Kirchwarft geläutet. Das neue Jahr hat begonnen. In einer Gastwirtschaft wird dann noch weitergefeiert.

Neuerdings kommen in zunehmendem Maße Gäste zu Silvester auf die Hallig, um die besondere Stimmung an diesem Tage zu erleben: Die Hallig liegt dann schwarz unter dem Sternenhimmel. Von Ferne funkeln die Leuchtfeuer von Pellworm, Westerhever, Helgoland, Amrum, Sylt und Langeneß herüber.

# Boßeln

Auf der Hallig Hooge gibt es einen Boßelverein. Seine Mitglieder betreiben in der Boßelsaison, d. h. zwischen Weihnachten und Aschermittwoch, den Boßelsport, von dem einige Halligbesucher aus Theodor Storms Novelle »Der Schimmelreiter« erfahren haben.

Beim Boßeln handelt es sich um ein uraltes friesisches Wurfspiel, das aber auch in Irland bekannt ist und ausgeübt wird. Die Boßel ist eine mit Blei gefüllte Kugel, die etwa die Größe eines Schlagballs hat. Ihr Gewicht beträgt etwa 500 Gramm. Sie wird ähnlich wie ein Diskus mit gestrecktem Arm nach dreimaliger Körperdrehung von dem Werfer davongeschleudert. Das Boßeln wird einmal als Stand- und Leistungsboßeln betrieben. Dann hat jeder Spieler drei Würfe, deren Weiten addiert werden. Die auf diese Art erzielte Weite bestimmt seine Plazierung. Zum anderen wird das Boßeln aber auch als Feldboßeln betrieben. Zwei Mannschaften stehen einander gegenüber und schleudern die Boßel hin und her. Sieger ist die Mannschaft, die die andere zurücktreibt.

Höhepunkt des Boßelns auf Hooge ist der Boßelball. Dann treten die Vereinsmitglieder auf der Hanswarft an. Von dort ziehen sie mit der Vereinsfahne zum Kampfplatz bei der Ockelützwarft, wo die besten Boßler ermittelt werden. Sie werden mit Preisen belohnt, die die Mitglieder gestiftet haben. Der Abend vereint dann die Boßler zum Festessen im Vereinslokal auf der Hanswarft, wo man bei Musik und Teepunsch nach alter Tradition feiert. Dann wird auch das Boßellied gesungen:

»Frisch auf, ihr Brüder, es kommt die Zeit,
die Stunde, die ist da,
wo wir mit lauter Fröhlichkeit
aufjauchzen mit Hurra.
In unsern Gläsern blinkt der Wein,
wir wollen alle fröhlich sein.
Verbannt die Sorgen, laßt sie fliehn,
der Boßelverein soll blühn.«

# Das nordfriesische Wappen

Das nordfriesische Wappen findet man in Nordfriesland und auch auf Hooge sehr oft in verschiedenen Farben dargestellt, obwohl es eigentlich sehr leicht ist, die den einzelnen Feldern zugehörige Farbe sich zu merken.

Das Wappen besteht aus drei Feldern und wurde erst um 1840 zusammengestellt. Die rechte Hälfte des Wappens zeigt einen halben Adler. Es ist dies der Reichsadler der deutschen Kaiser des Mittelalters. 1840 gab es jedoch keinen deutschen Kaiser, und so verweist dieser Reichsadler auf die damalige Sehnsucht der Deutschen, den Zustand deutscher Kleinstaaterei zu überwinden und ein freies und einiges Deutschland zu begründen. Im Mittelalter schmückte der Reichsadler die Schilde der deutschen Kaiser und zwar als schwarzer Adler mit rotem Schnabel und roten Fängen auf goldenem Grund. In eben diesen Farben ist er auch in das Wappen der Bundesrepublik Deutschland gekommen. Und aus dem gleichen Grund ist die deutsche Fahne schwarz-rot-gold.

Der Adler ist im übrigen ein altes friesisches Freiheitszeichen. Der Sage nach soll Kaiser Karl der Große im Jahre 800 bei der Einnahme der Stadt Rom den Friesen einen halben Adler für ihr Wappen verliehen haben, um sich so für ihre Hilfe und Tapferkeit zu bedanken.

Die Krone auf blauem Grund, die die linke obere Hälfte des friesischen Wappens bildet, ist die deutsche Kaiserkrone. Sie deutet wie der Adler ebenfalls auf die Hoffnung der damaligen Zeit, Deutschlands Einheit in Freiheit zu erlangen.

Die linke untere Hälfte des Wappens der Nordfriesen bildet auf rotem Grund der Grütztopf. Er ist auf Grund einer Sage in das friesische Wappen gekommen: Die Friesen waren einst im Kriege mit den Dänen. In einer Schlacht gerieten sie in Unordnung und flohen. Die friesischen Weiber, welche im Lager eben Brei kochten, ergriffen die Grütztöpfe, als sie ihre Männer so feige sahen, und gingen damit dem Feind entgegen. Rechts und links flog nun der heiße Brei den Dänen um die Ohren. Die wunderten sich anfangs und lachten: aber als die Friesen die Kühnheit ihrer Frauen sahen, kehrten sie von Scham erfüllt um und begannen die Schlacht von neuem. Da kam die Reihe des Fliehens an die Dänen, und es hieß später, die friesischen Weiber hätten die Dänen mit dem Breitopf in die Flucht geschlagen, die Männer aber ihn aus Dankbarkeit in das friesische Wappen aufgenommen.

Der Wahlspruch der Friesen, der zu dem Wappen gehört, lautet: »Leawer duad üs Slav!« (Lieber tot als unfrei!).

Diese Gesinnung kommt zum Ausdruck in der Grütztopf-Ballade des Dichters Detlev von Liliencron, der von 1882 bis 1883 auf der Insel Pellworm das für Hooge zuständige Amt vertrat.

## Pidder Lüng

Frii es de Feskfang,
Frii es de Jaght,
Frii es de Strönthgang,
Frii es de Naght,
Frii es de See, de wilde See
En de Hörnemmer Rhee.«

Der Amtmann von Tondern, Henning Pogwisch,
Schlägt mit der Faust auf den Eichentisch:
Heut fahr ich selbst hinüber nach Sylt
Und hol mir mit eigner Hand Zins und Gült.
Und kann ich die Abgaben der Fischer nicht fassen,
Sollen sie Nasen und Ohren lassen,
Und ich höhn ihrem Wort:
  Lewwer duad üs Slaav.

Im Schiff vorn der Ritter, panzerbewehrt,
Stützt sich finster auf sein langes Schwert.
Hinter ihm, von der hohen Geistlichkeit,
Steht Jürgen, der Priester, beflissen, bereit.
Er reibt sich die Hände, er bückt den Nacken.
Der Obrigkeit helf ich, die Frevler packen;
In den Pfuhl das Wort:
  Lewwer duad üs Slaav.

Gen Hörnum hat die Prunkbarke den Schnabel gewetzt,
Ihr folgen die Ewer, kriegsvolkbesetzt.
Und es knirschen die Kiele auf den Sand,

Und der Ritter, der Priester springen ans Land,
Und waffenrasselnd hinter den beiden
Entreißen die Söldner die Klingen den Scheiden.
Nun gilt es, Friesen:
  Lewwer duad üs Slaav!

Die Knechte umzingeln das erste Haus,
Pidder Lüng schaut verwundert zum Fenster heraus.
Der Ritter, der Priester treten allein
Über die ärmliche Schwelle hinein.
Des langen Peters starkzählige Sippe
Sitzt grad an der kargen Mittagskrippe.
Jetzt zeige dich, Pidder:
  Lewwer duad üs Slaav!

Der Ritter verneigt sich mit hämischem Hohn,
Der Priester will anheben seinen Sermon.
Der Ritter nimmt spöttisch den Helm vom Haupt
Und verbeugt sich einmal: Ihr erlaubt,
Daß wir euch stören bei euerm Essen,
Bringt hurtig den Zehnten, den ihr vergessen,
Und euer Spruch ist ein Dreck:
  Lewwer duad üs Slaav.

Da reckt sich Pidder, steht wie ein Baum:
Henning Pogwisch, halt deine Reden im Zaum.
Wir waren der Steuern von jeher frei,
Und ob du sie wünschst, ist uns einerlei.
Zieh ab mit deinen Hungergesellen:
Hörst du meine Hunde bellen?
Und das Wort bleibt stehn:
  Lewwer duad üs Slaav!

Bettelpack! fährt ihn der Amtmann an,
Und die Stirnader schwillt dem geschienten Mann:
Du frißt deinen Grünkohl nicht eher auf,
Als bis dein Geld hier liegt zu Hauf.
Der Priester zischelt von Trotzkopf und Bücken.

Und verkriecht sich hinter des Eisernen Rücken.
O Wort, geh nicht unter:
  Lewwer duad üs Slaav!

Pidder Lüng starrt wie wirrsinnig den Amtmann an.
Immer heftiger in Wut gerät der Tyrann,
Und er speit in den dampfenden Kohl hinein:
Nun geh an deinen Trog, du Schwein.
Und er will, um die peinliche Stunde zu enden,
Zu seinen Leuten nach draußen sich wenden.
Dumpf dröhnts von drinnen:
  Lewwer duad üs Slaav!

Einen einzigen Sprung hat Pidder getan,
Er schleppt an den Napf den Amtmann heran,
Und taucht ihm den Kopf ein, und läßt ihn nicht frei,
Bis der Ritter erstickt ist im glühheißen Brei.
Die Fäuste dann lassend vom furchtbaren Gittern,
Brüllt er, die Türen und Wände zittern,
Das stolzeste Wort:
  Lewwer duad üs Slaav!

Der Priester liegt ohnmächtig ihm am Fuß.
Die Häscher stürmen mit höllischem Gruß,
Durchbohren den Fischer und zerren ihn fort;
In den Dünen, im Dorf rasen Messer und Mord.
Pidder Lüng doch, ehe sie ganz ihn verderben,
Ruft noch einmal im Leben, im Sterben
Sein Herrenwort:
  Lewwer duad üs Slaav!

## Halligpoesie und Halligdichtung

Eine Halligpoesie, wie sie zuzeiten Mode war, gibt es heute kaum noch, wie auch die sogenannten »Kunstmaler« heute nicht mehr auf den Halligen zu finden sind. Die Halligpoesie war oft unehrlich und unecht. Bezeichnenderweise waren ihre Produzenten Menschen des Festlandes, die nur gelegentlich auf die Hallig kamen. Sie sahen in der Hallig und in ihren Bewohnern Land und Menschen ihrer romantischen Träume, bekleideten sie mit ihren Gefühlen und Gedanken und bemerkten vom wahren Leben auf der Hallig wenig oder gar nichts. Daß das Halligleben nüchtern und sachlich ist, daß die Menschen hier spröde, aber sehr realistisch sind, entging ihnen. Sie richteten ihren Blick vornehmlich auf die wenigen Tage des Jahres, in denen der Sturm das Nordseewasser über die Hallig jagt, so daß ein »Landunter« entsteht. Diese Perspektive war ihnen überaus wichtig und aus ihr heraus gewannen sie einen falschen Blick für die Halligwirklichkeit. So entstanden die Geschichten in alten Lese- und Heimatkundebüchern, die aber bis in unsere Zeit im Unterricht der Schule benutzt wurden.

Das bekannteste Gedicht dieser Art von Poesie stammt von Hermann Allmers (1821 — 1902). Es ist eine Ballade. Verschiedene Badegäste haben erzählt, daß sie dieses Gedichtes wegen zu einem Ferienaufenthalt auf die Hallig gekommen seien.

## Der Halligmatrose

»Kapitän, ich bitt' Euch, laßt mich fort,
O laßt mich frei, sonst lauf ich von Bord;
Ich muß heim, muß heim nach der Hallig!
Schon sind vergangen drei ganze Jahr',
Daß ich stets zu Schiff, daß ich dort nicht war
Auf der Hallig, der lieben Hallig.«

»Nein, Jasper, nein, das sag' ich dir,
Noch diese Reise machst du mit mir.
Dann darfst du gehn nach der Hallig.
Doch sage mir, Jasper, was willst du dort?
Es ist ein öder, armseliger Ort,
Die kleine, die einsame Hallig.«

»Ach, mein Kapitän, dort ist's wohl gut,
Und auf keinem Ort wird mir so zu Mut,

So wohl wie auf der Hallig;
Doch mein Weib hat um mich manch traurige Nacht;
Hab' so lang' nicht gesehn, wenn mein Kind mir gelacht,
Und Haus und Hof auf der Hallig.«

»So höre denn, Jasper, was ich dir sag':
Es ist gekommen ein böser Tag,
Ein böser Tag für die Hallig;
Eine Sturmflut war wie nie vorher,
Und das Meer, das wildaufwogende Meer,
Hoch ging es über die Hallig.

Doch sollst du nicht hin, vorbei ist die Not,
Dein Weib ist gestorben, dein Kind ist tot,
Ertrunken beid' auf der Hallig.
Auch die Schafe und Lämmer sind fortgespült,
Auch dein Haus ist fort, die Wurt zerwühlt;
Was wolltest du tun auf der Hallig?«

»Ach Gott, Kapitän, ist das geschehn?
Alles soll ich nicht wiedersehn,
Was lieb mir war auf der Hallig?
Und ihr fragt mich noch, was ich dort will tun?
Will sterben und im Grabe ruhn
Auf der Hallig, der lieben Hallig.«

Das wohl schönste Halliggedicht stammt von dem Husumer Theodor Storm (1817 bis 1888). Es geht über den Rahmen bloßer Halligpoesie hinaus, indem Allgemeingültiges am Besonderen deutlich und erkennbar wird.

## Meeresstrand

Ans Haff nun fliegt die Möwe,
Und Dämmrung bricht herein;
Über die feuchten Watten
Spiegelt der Abendschein.

Graues Geflügel huschet
Neben dem Wasser her;
Wie Träume liegen die Inseln
Im Nebel auf dem Meer.

Ich höre des gärenden Schlammes
Geheimnisvollen Ton,
Einsames Vogelrufen —
So war es immer schon.

Noch einmal schauert leise
Und schweiget dann der Wind;
Vernehmlich werden die Stimmen,
Die über der Tiefe sind.

## Döntjes

Auf den Halligen spielt die Geselligkeit eine große Rolle. Das Leben auf den Halligwarften ist sehr persönlich. Das hat auf der einen Seite positive Folgen: Nachbarschaft und Nachbarschaftshilfe im ursprünglichen Sinne sind wichtig und werden fraglos und selbstverständlich geübt. Auf der anderen Seite aber hat das Zusammenleben auf engem Raum auch oft negative Folgen: Ist man erst einmal mit seinem Nachbarn entzweit, so ergeben sich täglich fast zwangsnotwendig aus der unmittelbaren Nachbarschaft neue Reibungsflächen.

Geselligkeit wird vor allem im Winter gepflegt, wenn nach den hektischen Tagen der Saison und der Heuernte, wieder Ruhe auf der Hallig einkehrt. Die Geburtstagsfeiern des Sommers werden in den Herbst und Winter verlegt, und alle Feste werden ausgiebig gefeiert. Man trinkt Teepunsch und unterhält sich über die Probleme des gewesenen Tages. Dann kommt schließlich auch die Stunde, in der »Döntjes« erzählt werden, kleine Geschichten voller Humor, die immer wieder variiert werden und auf eine Pointe am Schluß hinauslaufen. In diesen Döntjes kann man einiges vom Wesen der Halligbewohner erfahren, sowohl aus der Art der Darstellung als auch aus dem Inhalt.

## Pastor Dr. Koch

In den Jahren 1839 bis 1847 war auf der Hallig Hooge der Pastor Dr. Koch tätig, dessen Bild heute noch in der Hooger Kirche hängt. Pastor Koch hatte sich dem Kampf gegen den Alkohol verschrieben, und man getraute sich, nur noch heimlich zu trinken. Denn es kam vor, daß der alkoholfeindliche Pastor den Branntwein vor den Augen der entsetzten Warftbewohner ausgoß. — Damals wohnte auf Mitteltritt ein Kaufmann. Er durfte nun keine alkoholischen Getränke mehr verkaufen und auch nicht mehr in Husum bestellen. Um nicht auf das einträgliche Geschäft verzichten zu müssen, schrieb er an seinen Geschäftsfreund, den Kaufmann Mannigsen in Husum: »Wenn Sie mich wieder Branntwein schicken, dann schreiben Sie gefälligst ›Essig‹ auf die Kruke!«

## Der Erlöser ist da

Auf der Hanswarft wohnte ein Mann, der dem Alkohol verfallen war. Er hatte eine Braut, die auf der Hallig Langeneß wohnte und sehr reich war. Auf dem Boden ihres Hauses bewahrte sie ein Fäßchen gefüllt mit Speziestalern auf. Er fuhr nun nach Langeneß hinüber und wollte Geld haben. Seine Braut sträubte sich anfangs, indem sie darauf hinwies, daß er das Geld doch gleich vertrinke. Doch er entgegnete: »Wenn ich dich nur habe, Liebchen, dann trinke ich nicht mehr.« Und dann zerschlug er das Fäßchen und rief:» Kommt heraus, ihr Gefangenen, euer Erlöser ist da!«

## Sturmflutsegen

Das Sturmflutjahr 1962 bedeutet eine Zäsur in der Geschichte der Halligen. Es entstanden zwar materielle Schäden an Häusern und sonstigen Gütern, aber in der Folgezeit wurde durch die Sturmflutkatastrophe eine Entwicklung in Gang gesetzt, die das jahrhundertealte Gesicht der Halligen in wenigen Jahren von Grund auf verwandelte. — Durch Spendenaktionen des Staates und der Wohlfahrtsverbände wurden den Halligbewohnern ihre persönlichen materiellen Schäden großzügig erstattet: Nach der Jahrhundertflut setzte eine »Spendenflut« ein.

In den Sommermonaten kommen täglich Ausflugsschiffe zur Hallig Hooge herübergefahren. Ein Jahr nach der Sturmflutkatastrophe kommt ein Badegast mit solch einem Schiff auf die Hallig. Er stellt einem Halligbewohner, den er am Wege auf seinem Weg zum Königspesel trifft, viele neugierige Fragen: »Wie haben Sie diese Flut nur überlebt?« Der Halligmann antwortet: »Na ja, so man eben.« Darauf fragt der Badegast: »Und was machen Sie nun?« »Ja, nun warten wir auf die nächste Flut.«

## Das siebte Gebot

Der schon erwähnte Pastor Dr. Koch ließ einmal einen Jungen zu sich kommen, der nicht ganz ehrlich sein sollte. Er fragte ihn: »Kennst du das siebte Gebot?« — »Ja.« — »Na, und wie heißt es?« »Sie sollen nicht stehlen!« — »Nein, *du* sollst nicht stehlen!« Darauf antwortete der Junge: »Dat weet ick wull. Awer, ich much man nich *du* to uns Paster seggen.«

## Was leichter ist

Diederich, der Vater des Schiffers Carlos Diedrichsen von Mitteltritt, war einmal zum Buttpricken im Watt. Er stand mit seinen langen Stiefeln in einem Priel. Da diese aber Löcher hatten, lief das Salzwasser in sie hinein. Sein Nachbar kam vorbei und schlug Diederich vor, die Stiefeln auszuziehen, da er doch sowieso schon nasse Füße hatte. Darauf sagte Diederich: »Dat do ick lang nich. Dat is doch veel lichter, 'n Steebel vull Water warm to maaken as'n ganze Priel!«

## Verschieden

Einer der Halligpastoren war ein leidenschaftlicher Fischer. Eines Tages stand er an der Halligschleuse, und Justus Feddersen und Carlos Diedrichsen von Mitteltritt kamen vom Fischen. Beide hatten einen guten Fischzug gemacht. Onkel Justus war ein frommer Mensch und ein großer Kirchgänger, Carlos dagegen war ein Spötter und ließ sich in der Kirche nicht allzu häufig sehen. Der Pastor sagte zu Onkel Justus: »Oh, welch ein Segen!«. Carlos kam gleich hinterher und hörte den Kommentar des Pastors. Als der Pastor aber dessen Fischfang sah, meinte er: »Oh, Diedrichsen! Das ist ja meist schrecklich! Soooo viele Fische!« Darauf Carlos giftig zu dem Pastor: »So! Bi Justus is dat 'n Segen . . . un bi mi is dat schrecklich!« Damit ließ er den Pastor stehen und ging davon.

## Zu groß

Die Halligleute kamen früher nicht häufig auf das Festland. Eine alte Halligfrau wollte einmal von Hooge nach Husum. Die Verbindung ging über die Insel Pellworm. Nachdem das Schiff auf Pellworm angelegt hatte, stieg sie auf den Deich und guckte über die Insel. Dann meinte sie: »Wat, dat is Pellworm? Und denn giwt dat ok noch Düütschland?« Sprach's, drehte sich um und fuhr wieder auf ihre Heimathallig zurück.

# Halligsagen

Es gibt nur sehr wenige Halligsagen. Eine tiefgründige Sage, die in zwei verschiedenen Fassungen überliefert ist, stammt von der Hayenshallig, die früher im Nordosten von Hooge lag und deren letzte Bewohner vermutlich auf dem Kirchhof der Hallig Hooge begraben sind. Der an der Nordostmauer der Kirche aufgestellte Stein gibt jedenfalls Grund zu dieser Vermutung.

## Das Licht der treuen Schwester

An einem Ufer der Hayenshallig nordöstlich von Hooge wohnte einsam in einer Hütte eine Jungfrau. Vater und Mutter waren gestorben, und der Bruder war fern auf der See. Mit Sehnsucht im Herzen gedachte sie der Toten und des Abwesenden und harrte seiner Wiederkehr. Als der Bruder Abschied nahm, hatte sie ihm versprochen, allnächtlich ihre Lampe ans Fenster zu setzen, damit das Licht, weithin über die See schimmernd, wenn er heimkehre, ihm sage, daß seine Schwester Elke noch lebe und seiner warte. Was sie versprochen hatte, das hielt sie. An jedem Abend stellte sie die Lampe ans Fenster und schaute Tag und Nacht auf die See hinaus, ob nicht der Bruder käme. Es vergingen Monde, es vergingen Jahre, und noch immer kam der Bruder nicht. Elke ward zur Greisin. Immer saß sie noch am Fenster und schaute hinaus, und an jedem Abend stellte sie die Lampe aus und wartete. Endlich war es bei ihr dunkel und das gewohnte Licht erloschen. Da riefen die Nachbarn einander zu: »Der Bruder ist gekommen«, und eilten ins Haus der Schwester. Da saß sie da, tot und starr ans Fenster gelehnt, als wenn sie noch hinausblicke, und neben ihr stand die erloschene Lampe. (Nach Karl Müllenhoff)

Die zweite Fassung der Sage ist etwas breiter angelegt. Die Akzente sind hier auch etwas anders gesetzt, was schon in der Überschrift zum Ausdruck kommt.

## Die treuen Geschwister

Eine der kleinen Halligen, die die Flut von 1634 übriggelassen, war die Hayenshallig, so genannt nach Haye Ocken, der dort mit seiner Frau und zwei Kindern, Okke und Elke, wohnte. Die Sturmflut hatte die Familie verschont. Aber nicht lange darauf holte die See sich doch ihr Opfer: Der Vater kehrte von einer Seefahrt nicht zurück.

Nun standen Armut und Sorge vor der Tür, und die Witwe hatte große Mühe, das tägliche Brot zu beschaffen. Sie versorgte eine kleine Schafherde, die ihr Milch, Fleisch und zum Spinnen Wolle lieferte, und verdiente sich ein wenig Geld durch handwerkliche Arbeiten, die ihr ein Hooger Schiffer dann und wann abkaufte oder gegen Nahrungsmittel oder andere Dinge eintauschte. Okke wuchs heran und ging wie fast alle jungen Leute der Halligen zur See. Er kam auf ein holländisches Handelsschiff und machte viele glückliche Reisen, so daß er in Briefen häufig Geld zur kleinen Hallig sandte.

Die Jahre vergingen, und die Mutter wurde alt und krank. Da schrieb Elke ihrem Bruder nach Amsterdam einen Brief und bat, er möge doch, sobald es die Gelegenheit erlaube, seine Heimat besuchen, da es mit der Mutter nicht zum besten stehe. Wochenlang war der Brief wie damals üblich unterwegs; er ging von Schiff zu Schiff und erreichte schließlich den Empfänger. Eines Tages kam Okke nach über zehnjähriger Abwesenheit auf seiner Heimathallig an, und die Mutter hatte noch das Glück, ihren Sohn zu sehen. Wenige Tage darauf starb sie.

Elke war froh, nicht allein auf der kleinen Hallig zu sein. Die Geschwister erlebten zusammen die Stürme des Herbstes und dann die Stille des Winters. Aber Okke hielt es in der Heimat nur bis zum Frühjahr aus. Als das Eis aufbrach und die Seeleute von den Nachbarhalligen und den Inseln sich nach Holland einschifften, schloß er sich den Abreisenden an. Doch versprach er seiner Schwester, in einigen Jahren zurückzukehren und dann für immer zu bleiben. Elke sagte, sie wolle allabendlich ein Licht anzünden und in das der See zugewandte Fenster stellen, damit er, wenn er bei Nacht käme, sicher den Weg zur Hallig finden könne.

Wieder verging Jahr um Jahr. Okke wurde Steuermann und schließlich Kapitän. In Elkes Leben allerdings änderte sich nichts. Sie wurde älter, das Haus begann zu verfallen, und die Hallig verlor von Jahr zu Jahr an Größe. Aber Nacht für Nacht brannte im Fenster das Licht, das für den Bruder leuchtete und zudem den Schiffern im Wattenmeer ein vertrautes Wahrzeichen geworden war. Eines Morgens jedoch meldete ein Hooger Schiffer: »Heute nacht hat das Licht von der Hayenshallig nicht gebrannt.« Der alte Mann, der von Zeit zu Zeit nach der Hallig gefahren war, um Elke mit dem Nötigsten zu versehen, machte sich auf diese Nachricht hin gleich auf den Weg. Nichts rührte sich auf der Warft. Der Schiffer trat in das stille Haus und fand die Schwester tot in ihrem Lehnstuhl sitzend. Es schien, als habe sie bis zuletzt nach dem Bruder ausgeschaut.

Wenig später segelte gegen Abend eine holländische Kuff von Südwesten her zwischen Amrum und Hooge hinein in das Halligmeer, an Bord der Kapitän Okke Hayens und der holländische Schiffsführer. Okke Hayens wollte nun die »See bedanken«, seinen Lebensabend auf der Heimathallig verleben, mit Gold und Gütern wohl versehen. Es war dunkel geworden, Okke spähte nach dem versprochenen Licht. Aber es war nicht zu sehen. Stundenlang kreuzte die Kuff östlich von Hooge hin und her, ohne die Hallig zu finden. Plötzlich stieß das Schiff gegen einen großen Stein. Okke leuchtete hinab in die dunkle See und erkannte den Stein, auf dem er oft als Knabe gesessen hatte, damals, als dieser noch an der Halligkante gelegen hatte. Nun gab es ringsumher nur noch die unheimlich rauschende See, und Okke begriff, daß seine Heimathallig verschwunden und seine Schwester tot war.

Er war zu spät, vergeblich heimgekehrt. Er sprang hinüber auf den großen Stein und ließ sich nicht bewegen, in das Boot zurückzukehren. Er bat den Schiffer, abzulegen und mit Geld und Gut davonzusegeln. Noch am nächsten Morgen saß Okke auf dem Stein; er hatte im Laufe der Nacht den Verstand verloren und starrte regungslos in die steigende Flut, die ihn schließlich verschlang. (Nach Johannes Plöhn)

## Der erste »Pharisäer«

Eine Geschichte, die nicht eigentlich zur Halligwelt gehört, sondern von der Insel Nordstrand stammt, sollte jeder Badegast kennen: die Geschichte vom »Pharisäer«. Der »Pharisäer« ist ein köstliches Getränk, das in den Halliggaststätten ausgeschenkt wird und Ähnlichkeit mit Irish Coffee hat: In eine Tasse gesüßten Kaffees wird ein Schuß Rum getan. Darüber kommt dann ein Hügel geschlagener Sahne.

»Vor etwa 100 Jahren, in der Zeit zwischen 1865 und 1874, fand in einem Bauernhaus auf Nordstrand eine Kindtaufe statt. Nachdem der Pastor die Amtshandlung vollzogen hatte, nahmen die Gäste und auch der Pastor an der traditionellen Kaffeetafel teil. Es ging dort recht gemütlich zu, und der Pastor dehnte seinen Besuch deswegen länger als gewöhnlich aus. Da immer nur Kaffee gereicht wurde, wollte der Bauer seinen Gästen gerne ein Getränk mit mehr anregender Wirkung servieren. Es geziemte sich aber in der damaligen Zeit nicht, in Gegenwart eines Geistlichen schärfere Getränke zu verabreichen. Der Gastgeber jedoch meisterte trotzdem die Situation. Er ging in die Küche und wies das Küchenmädchen an, die Kaffeetassen nicht mehr ganz so vollzuschenken, dafür aber zwei bis drei Stücke Zucker und einen Schuß Rum hineinzugeben. Damit der Rum aber nicht zu riechen sei, solle sie den Rum-Kaffee mit einer guten Sahneschicht abdecken. Nur die Tasse des Pastors dürfe keinen Rumzusatz haben.

Es klappte alles wie besprochen, und die Unterhaltung wurde zunehmend lebhafter. Das Unglück jedoch wollte es, daß der Bedienung ein Fehler unterlief, indem die Tassen versehentlich verwechselt wurden, so daß auch der Pastor Kaffee mit Rum bekam. Er kostete, erkannte sofort die Zusammenhänge, blickte in die Runde und sagte schmunzelnd: ›So, nun weiß ich Bescheid, ihr Pharisäer.‹

Nach diesem Vorkommnis wurde der Kaffeepunsch mit der dicken Sahneschicht oft probiert. Der Name ›Pharisäer‹ für dieses Getränk ergab sich dann von ganz alleine.«

## Das Natur- und Seevogelschutzgebiet Norderoog

Norderoog wird 1597 zum erstenmal schriftlich als »Norder Ough« erwähnt. Es war damals wesentlich größer als heute, und von der Hallig Hooge war es wie Pellworm ursprünglich nur durch einen Priel getrennt gewesen. Die Größe der Hallig und ihre Entfernung von Hooge haben sich aber im Verlaufe der Zeit erheblich geändert. Die heutige Entfernung nach Norderoog beträgt ungefähr sechs Kilometer, d. h. eine gute Stunde Wattwanderung. Die Größe der Hallig verringerte sich von Jahr zu Jahr: Um 1800 war Norderoog noch 46 ha groß. Im Südwesten der Hallig befand sich eine Warft, die von einem Halligbauern und seiner Familie bewohnt wurde. Heute dagegen ist Norderoog nur noch knapp 8 ha groß. Es ist nur noch ungefähr 600 m lang und 200 m breit. Die Ursache hierfür ist in den alljährlichen Landverlusten durch Sturmfluten zu sehen, von denen Norderoog länger als die anderen Halligen betroffen war. Norderoog war bis in die letzten Jahre hinein eine »sterbende Hallig«; denn es fehlte ihr die schützende Steinkante, die das Abbrechen von Halligland verhindert. Norderoog wurde Flutzeit für Flutzeit von den Nordseewellen benagt. Ein Landstreifen von mehreren Metern ging regelmäßig verloren, und hieran vermochten auch die Lahnungen und Buhnen, die alljährlich mit Unterstützung des Amtes für Land-

und Wasserwirtschaft in Husum gebaut wurden, lange Zeit kaum etwas zu ändern. Besonders gefährdet war die Westseite der Hallig. Und auch der Priel, der tief in die Hallig reicht, erweiterte sich ständig, so daß die Gefahr bestand, daß die Hallig in zwei Teile auseinandergerissen und damit ihr Schicksal besiegelt würde.

Bis 1825 war die Hallig Norderoog ständig bewohnt. In der Sturmflut vom 3. auf den 4. Februar 1825 wurden die Warft und das Wohnhaus schwer beschädigt. Doch konnten die Bewohner die Flut überleben, da die eine Hälfte des Hauses mit dem Dachboden, auf den sie sich gerettet hatten, stehenblieb. Von hier aus mußten sie aber mit anblicken, wie ihr Vieh ertrank und wie ihr Hab und Gut von den Wellen fortgetragen wurde. Nach der Flut wurden sie von Hooger Schiffern aus ihrer elenden Lage befreit.

Das Hallighaus, in dem die Bewohner von Norderoog die Flut überlebten, war ein sogenanntes »Ständerhaus«. Es handelt sich bei dieser Hausart um eine Hauskonstruktion, die genau den Halligverhältnissen angepaßt war: Zahlreiche starke Eichenbalken, die voneinander einen Abstand von ca. zwei Metern hatten, waren senkrecht in die Hauswand des Hallighauses eingelassen und tief in den Boden der Warft versenkt. Sie trugen das waagerechte Rechteck der Dachbalken, auf denen das Dach des Hallighauses ruhte. Das »Fachwerk« zwischen den senkrechten Balken war mit Ziegelsteinen ausgefüllt. Diese waren mit Lehm, den man auf der Hallig vorfand, miteinander verfugt. Kam eine schwere Sturmflut, so retteten die Bewohner der Halligháuser sich und große Teile ihres Hausrats auf den Boden. Die anbrandenden Wellen konnten unter Umständen das Fachwerk zwischen den Eichenpfählen zerstören, doch hielten die Eichenständer selbst meist den Wellen stand, so daß der Dachboden große Überlebenschancen bot. (Das Prinzip des Ständerhauses hat man übrigens beim Bau der Schutzräume, die ja auch auf

---

Die Vogelwärterhütte auf der Hallig Norderoog, umschwärmt von dort nistenden Seevögeln. Sie nisten in den Sommermonaten dort zu Tausenden. Der Wattwanderer wird nach einer einstündigen Fußwanderung von Hooge übers Watt zur Vogelhallig Möwen, Seeschwalben, Austernfischer, Regenpfeifer und die selten gewordene Brandseeschwalbe zu sehen bekommen.

Pfeilern stehen, wieder aufgenommen.) Wie auf Norderoog so retteten sich 1825 auch auf den Warften der Hallig Hooge die Bewohner auf diese Weise. Daß trotzdem 25 Menschen ertranken, ist darauf zurückzuführen, daß diese Flut des Nachts, wider alles Erwarten und sehr plötzlich kam. — Nach der Sturmflut von 1825 wurde die Hallig Norderoog von ihren Besitzern verlassen. Von nun an wurde diese Hallig nur noch des Sommers bewohnt und genutzt. Im Jahre 1830 und 1834 wurden nochmals zwei Häuser gebaut, doch zerstörten Sturmfluten um die Mitte des Jahrhunderts auch diese. Seit 1825 wurde von Hooge aus des Sommers Vieh auf die Hallig Norderoog übers Watt getrieben, das dort gemähte Heu wurde mit Schuten nach Hallig Hooge transportiert. Darüber hinaus wurde die Hallig zum Sammeln von Vogeleiern genutzt. Dies war früher eine wichtige Erwerbsquelle der Halligbewohner. — 1866/67 wurde eine Holzhütte auf Pfählen gebaut in der Art, wie sie noch heute auf der Hallig in doppelter Ausfertigung zu finden ist.

Im Jahre 1909 erwarb der Verein Jordsand von dem Hooger Justus Feddersen die Hallig Norderoog für 12000 Goldmark. Der Zweck des Kaufs war, der Vogelwelt in der sich technisierenden Welt eine Freistätte zu erhalten; denn eine solche war die Hallig Norderoog seit je: Die Brandseeschwalbe hat neben verschiedenen anderen Seeschwalben, neben Austernfischern und Regenpfeifern, neben Möwen und Limikolen auf der Hallig Norderoog dauernde Brutplätze.

Der Verein Jordsand hat es sich zum Ziel gesetzt, möglichst viele Vogelarten für die Zukunft zu erhalten. Im Hinblick auf die Hallig Norderoog fiel dieses Ziel lange Zeit mit dem Ziel der Erhaltung der Hallig zusammen. »Rettet Norderoog!« lautete deswegen die Parole des Vereins.

Jens Wand, der sagenumwobene Vogelwärter von Norderoog, unternahm 1913 die ersten Versuche, den Landverlust von Norderoog aufzuhalten. Er brachte Klei aus dem Watt um Norderoog mit der Schubkarre in die ausgespülten Löcher auf der Hallig. Freiwillige Helfer begannen 1926 mit der Anlage von Lahnungen in der Nähe der Vogelwärterhütte, die auf großen Ständerbalken steht. Doch Sturmfluten und insbesondere treibende Eisschollen vernichteten sie wieder in kurzer Zeit.

1964 gelang es dem Verein, für die Erhaltung die Mitarbeit des Marschenbauamtes Husum, des heutigen ALW (Amt für Land- und

Wasserwirtschaft) zu gewinnen. Systematisch wurden Lahnungen und Pfähle aus Buschwerk, aber auch aus Plastik angelegt, um die alljährlichen Landverluste zu verhindern. Aber in den Herbst- und Winterstürmen wurden sie immer wieder beschädigt, so daß ständige Reparaturen notwendig waren, ohne daß ein Erfolg abzusehen war.

Der Vorstand des Vereins versuchte immer wieder, Norderoog in den Landesküstenschutzplan aufnehmen zu lassen, damit wenigstens in den gefährdetsten Hauptbereichen eine Steinkante gebaut würde. Aber das Land Schleswig-Holstein konnte sich nicht zu einer Finanzierung entschließen.

Es kamen die Sturmfluten von Januar 1976, bei der die Vogelwärterhütte von den Wellen zerschlagen wurde. In dieser Situation konnte der Verein die Norddeutsche Affinerie in Hamburg für eine Hilfsaktion gewinnen: 3500 Tonnen Schotter und Schüttsteine wurden von dem Industrieunternehmen für die gefährdete Westseite der Hallig kostenlos zur Verfügung gestellt.

Und nun wurde das Jahr 1977 zu dem für die Erhaltung von Norderoog entscheidenden Jahr: Zunächst wurde im März die in der Januarsturmflut von 1976 zerstörte Hütte durch zwei Container ersetzt, die je 20 qm groß sind. Sie wurden in Hamburg vollständig als Wohnräume ausgerüstet, per Bahn nach Dagebüll verfrachtet und von dort mit einem Großhubschrauber auf die Hallig geflogen, wo sie auf Ständern verankert wurden.

Denn in den Sommermonaten besetzt der Verein Jordsand die Hallig Norderoog mit einem Vogelwart. Er hat die Aufgabe, während der Brutzeit darüber zu wachen, daß keine tierischen und menschlichen Störenfriede die brütenden oder fütternden Vögel beunruhigen. Er führt ferner wissenschaftliche Aufgaben durch, indem er genaue Aufzeichnungen über den Brutbestand und den Brutablauf macht und indem er die durchziehenden Vögel in der Frühjahrs- und Herbstzeit beobachtet. Darüber hinaus führt er die vielen interessierten Beobachter um das Schutzgebiet und gibt Auskunft über seine Schützlinge. Mit den beiden Containern hat der Vogelwart nun eine gute und sichere Unterkunft bekommen.

Im Juni 1977 begannen dann die Arbeiten zur Befestigung der Westseite von Norderoog mit einer Steinkante. Die 3500 Tonnen Kupferschlackensteine wurden mit Küstenmotorschiffen in die Nähe von Norderoog gebracht. Im Watt wurde die Ladung gelöscht und auf einer durch das Watt gebauten Gleisbahn durch Dieselloks nach Norderoog gebracht, wo sie an der Westseite verbaut wurden. 300 m lang wurde das schwere Schüttsteinwerk, das ca. 90 Zentimeter über das Halligniveau hinausragt. Wenn ein Landunter eintritt, dann läuft jetzt das Wasser gegen die Steinkante. Überkommende Brecher zerschlagen sich auf der Wasseroberfläche hinter der Steinkante und verlieren dadurch ihre Wucht. Gefährliche Auskolkungen können so nicht entstehen. Die Fußsicherung des Deckwerks erfolgt durch eine geschlossene Holzpfahlreihe. Die Kosten für die gesamte Maßnahme beliefen sich für den Verein Jordsand auf 100 000 DM, während der gesamte Baustellenwert mit 700 000 DM beziffert wird. Das war nur möglich dadurch, daß die Arbeit von vielen freiwilligen, vornehmlich jugendlichen Helfern durchgeführt wurde. Sie opferten Urlaub und Freizeit für die Erhaltung der Hallig.

Wichtige und tatkräftige Unterstützung und technische Hilfe erhielt der Verein auch vom ALW in Husum. Es führte die notwendigen Untersuchungen, Vermessungen und Sondierungen durch und fertigte anhand dieser erarbeiteten Grundlagen den Ausführungsentwurf für die Sicherungsmaßnahme. Der An- und Abbau der Baumaschinen wurde ebenfalls vom ALW besorgt. Ferner sorgte es für fachliche und technische Beratung während der Bauausführung, um einen reibungslosen und zügigen Ablauf zu gewährleisten.

Außer den Uferschutzarbeiten im Westen wurde auch der Platz rund um die Hütte, der durch Sturmfluten ausgewaschen worden war, mit ca. 750 cbm Erdreich aufgefüllt, und im Osten der Hallig entstand eine kleine Warft für die Schafhaltung. Diese ist nach Ansicht des Vereins Jordsand unbedingt erforderlich, weil nach dem Aufhören der Bewirtschaftung durch Mahd und Beweidung ab Anfang der fünfziger Jahre 80 % des Grünlandes von Norderoog versteppt waren. Ein dicker Queckenrasen hatte die alte Halligflora verdrängt. Die Folge davon war, daß die Seevögel ihre ehemaligen Brutgebiete nicht mehr annahmen. Ferner hielt die hohe Vegetation den Sand fest, der bei Sturmfluten vom westlich gelegenen Norderoogsand auf die Hallig getragen wurde. Aus einer Hallig wurde allmählich eine Düneninsel. Der Verein Jordsand bemüht sich seit 1978 mit erheblichem Aufwand um die Erhaltung der typischen Halligflora, vor allem aus ökologischen und ornithologischen Gründen, aber auch zur Sicherung des Gebietes. Einige Schafe wurden gekauft, die das Gras kurzhalten. Ferner wird das Altgras im

Winter abgebrannt. Die Teile der Hallig, in denen es möglich ist, werden zusätzlich im Frühjahr und im Herbst gemäht. Hier zeigt sich musterhaft, wie unabdingbar die landwirtschaftliche Bewirtschaftung der Halligen ist.

Mit der Sicherung der Westkante der Hallig nahm man zugleich eine Sicherung des übrigen Teiles von Norderoog in Angriff. Freiwillige Helfer, wieder waren es vor allem Jugendliche, leisteten in ihren Ferien und im Urlaub unermüdliche und selbstlose Arbeit. Norderoog wurde ringsherum mit einem doppelten Lahnungsgürtel umgeben. Es zeigen sich schon jetzt Auflandungstendenzen, die durch Grüppelarbeiten zusätzlich gefördert werden: Bei Ebbe werden zwischen den Lahnungen Grüppel (Gräben) ausgehoben. Der anfallende Schlick wird rechts und links der Grüppel aufgeworfen. Hier wird das Watt also künstlich erhöht. Da in den künstlich geschaffenen Gräben das Wasser bei Flut länger steht, setzen sich hier in verstärktem Maße die von der See herbeigetragenen Sinkstoffe ab, und die Grüppel füllen sich allmählich wieder. Sind die Grüppel »vollgewachsen«, so beginnt man wiederum mit ihrem Entleeren, dem Grüppeln. Auf dem aufgeworfenen Land siedelt sich der Queller an und hält mit seinen Wurzeln den Schlick fest. Dieser Prozeß wird Anlandung genannt.

Für die Besucher der Hallig Hooge lohnt sich ein Ausflug nach Norderoog immer, doch ist Vorsicht geboten. Eine Wattwanderung auf eigene Faust ist immer mit Lebensgefahr verbunden. Sie ist im übrigen auch verboten, seitdem das nordfriesische Watt unter Naturschutz gestellt wurde. Erlaubt sind lediglich Spaziergänge im Watt um die Hallig und Wanderungen mit Führern, die einen amtlichen Wattführerschein besitzen und die um die Lebensgefahren wissen, die im Watt lauern: Die Flut kommt schneller, als der Wattwanderer denkt, und kleine Rinnsale im Watt verwandeln sich innerhalb kürzester Frist in reißende Priele, deren Strömung auch der beste Schwimmer nicht gewachsen ist. Man soll es in eigenem Interesse hier nicht erst auf die persönliche Erfahrung ankommen lassen. Das Schicksal des ehemaligen Vogelwartes der Hallig Norderoog, Jens Sörensen de Wand, sollte ein warnendes Beispiel sein. Seit 1909 betreute Jens de Wand als Vogelwart die Hallig Norderoog. Das Watt zwischen Hooge und Norderoog war ihm vertraut wie nur je einem Bewohner der Halligen. Trotzdem ertrank der »König von

Norderoog«, wie er sich selbst gerne nannte, im Mai 1950 auf dem Weg von Hooge nach Norderoog.

Der Hallig Hooge sind nach Westen die »Nordfriesischen Außensände« vorgelagert. Dieses Gebiet besteht aus den Sandbänken des Süderoogsandes, des Norderoogsandes und des Japsandes. Diese Sandbänke stellen das Verbindungsglied zwischen den Dünen von St. Peter auf der Halbinsel Eiderstedt und den Dünen von Amrum und Sylt dar. Sie sind ein riesiges weitläufiges Gebiet und völlig unberührt von der Zivilisation. Sie werden nur bei Sturmfluten von der Nordsee überspült, gewöhnlich sind sie aber auch bei Hochwasser trocken. In bestimmten Bezirken dieser Sandbänke sonnen sich die Seehunde in Rudeln von mehreren Hunderten. Dicht kann man über das Watt an sie herankommen und sie beobachten. Man kann aber auch von der Hallig Hooge eine Schiffahrt in dieses Gebiet unternehmen.

# Was auf der Hallig Hooge sonst noch auffällt

## Steinsärge

Bei einem Rundgang über die Hallig Hooge fallen dem Besucher vielleicht die »Steinsärge« auf, die hier »Noste« genannt werden. Sie dienen heute als Viehtränke auf den Fennen und legen Zeugnis ab von der frühen Besiedlung der Uthlande. Man unterscheidet bei diesen Steinsärgen konische Formen, die römischen Ursprungs zu sein scheinen, und rechteckige, die germanischen Ursprungs sind. Die Steinsärge bestehen aus Buntsandstein wie auch teilweise das Baumaterial für die großen friesischen Kirchen in Nieblum auf Föhr und auf Pellworm. Es wird deswegen vermutet, daß sie im 12. und 13. Jahrhundert, als diese Kirchen gebaut wurden, aus dem Rheinland in die Uthlande gekommen sind. Die Einbuchtungen an den Rändern sollen vom Dengeln (Schärfen) der Sensen und Sicheln stammen, die an dem Sandstein geschliffen wurden.

## Pegel

Für das ALW (Amt für Land- und Wasserwirtschaft) in Husum ist es wichtig zu wissen, zu welchen Höhen die jeweiligen Sturmfluten in den einzelnen Nordseebereichen auflaufen. Denn es ist die zuständige Verwaltung für den Küstenschutz. Aus den Sturmfluthöhen lassen sich wichtige Erkenntnisse über die Beziehungen zwischen Windgeschwindigkeit und Fluthöhe gewinnen. Um die Geschwindigkeit des Windes zu messen, befindet sich auf der Pohnswarft ein Windmesser, der Uhrzeit und Windgeschwindigkeit automatisch notiert. Zur Notierung der Sturmflutwasserstände befinden sich Pegel auf der Mitte zwischen Hanswarft und Ockenswarft, bei der Okkelützwarft und zwischen Ipkens- und Volkertswarft. Sie notieren die Uhrzeit und die dazugehörigen Wasserstände. Am Fähranleger und bei Landsende befindet sich je ein »Tassenpegel«. Sie funktionieren nicht automatisch, sondern sie müssen nach Sturmfluten von den Wasserbauwerkern des ALW, die auf der Hallig Hooge tätig sind, abgelesen werden. In diesen Tassenpegeln sind übereinander Gefäße aufgestellt, die je nach Fluthöhe von der Nordsee gefüllt werden. Hierdurch läßt sich dann die Sturmfluthöhe bestimmen.

## Richtfunkmast

Auf der Ockenswarft fällt ein 33 Meter hoher Mast auf. Es handelt sich hierbei um einen Fernmeldeturm der Bundespost. Er ermöglicht den drahtlosen Fernsprechverkehr zwischen Hooge und dem Festland.

## Bienenstöcke

Auf der Ockenswarft findet der Halligwanderer im Sommer viele Kästen, die an der Warft aufgestellt sind. Zwar befindet sich auf der Ockenswarft die Post, aber es handelt sich hier nicht um Briefkästen, sondern um Bienenstöcke. Auf der Hallig Hooge gibt es keine Bienen, und es dürfen hier auch keine gehalten werden. Deswegen ist Hooge im Sommer das Ziel vieler Imker: Sie bringen ihre Bienenköniginnen auf die Hallig, damit sie hier ihren Hochzeitsflug antreten. Da die Entfernung zwischen Hooge und dem Festland garantiert, daß sich nach Hooge keine Drohne verirrt, ist die Reinhaltung der Bienenvölker so gewährleistet.

## Lahnungsfelder

Fünf Deicharbeiter beschäftigt das ALW auf der Hallig Hooge. Sie bessern den Halligdeich aus, dessen Steinkante immer wieder in den Winterfluten beschädigt wird. Sie legen aber auch im Osten der Hallig Lahnungsfelder an und warten sie. Innerhalb der Lahnungen beruhigt sich das Wasser. Während der Flutzeit setzen sich Sinkstoffe ab, und das Land wächst in die Höhe. Der Queller siedelt sich an. Es wird hier jedoch keine Landgewinnung im herkömmlichen Sinne betrieben, sondern diese Maßnahmen dienen allein dem Schutz des dortigen Deiches, dessen Fuß dadurch gesichert wird. Im Nordwesten und Norden der Hallig vertieft sich das Watt ständig, und die Süderaue, der Priel zwischen Hooge und Langeneß, rückt näher an die Hallig Hooge heran. Hier ist der Bau von Lahnungen nicht möglich. Deswegen soll dort eine sogenannte Vorschüttung von großen Steinen vor dem Halligdeich diesem eine größere Sicherheit verleihen.

## Bernstein

Das Gebiet der nordfriesischen Uthlande war früher waldreich. So tauchen denn im Watt auch zuweilen uralte Baumstämme auf, die in dem moorigen Untergrund unter den heutigen Schlickschichten konserviert wurden. Ein anderer Zeuge für die Bewaldung ist der

---

Bis 1949 wurde in dieser Bockmühle auf Mitteltritt Korn zu Mehl gemahlen, das dann in den Hallighäusern zu Brot gebacken wurde. — Aus dem eichenen Mühlenpfahl schnitzte der Bildhauer Carl Schümann eine Christusfigur und eine Madonna heraus.

Bernstein. Die Krabbenfischer fangen ihn oft in ihren Netzen ein, und am Deich rings um die Hallig kann man ihn sehr häufig finden. Die Vorbedingung hierfür ist allerdings ein sicherer Blick für den hellbraunen bis hellgelben Bernstein, dessen Oberfläche auch oft infolge der Reibung an anderem Gestein weißlich erscheint.

## Der Mühlenpfahl bei Mitteltritt

Unterhalb der Mitteltrittswarft im Osten findet der Halligwanderer einen Pfahl, der an die Zeit erinnert, als auf Hooge noch das Korn für das Mehl zum Brotbacken gemahlen wurde. Auf diesem Pfahl befand sich bis 1949 eine Bockmühle. Carlos Diedrichsen war Besitzer dieser Mühle, in der Halligleute gegen Entgelt ihr Korn mahlen ließen. Der Grabstein von Carlos Diedrichsen und seiner Frau Marie hinter dem Westteil der Kirche zeigt noch heute die Mitteltrittswarft mit der Windmühle, wie sie um 1940 ausgesehen hat. Diesen Grabstein hat für seine Mutter und seinen Stiefvater der Bildhauer

Carl Schümann geschaffen. Er schnitzte ebenfalls mit Hammer und Meißel aus dem Eichenpfahl, der früher die Achse der Bockmühle bildete, zwei Figuren heraus: eine nach Osten schauende Christusfigur und eine nach Westen schauende Madonna, der er das Aussehen seiner Mutter gab. Dazu meißelte er in den Pfahl einen plattdeutschen Sommerspruch:

IK BÜN DE POEL
VUN DE HOOGER MOEL
EN SUMMERSPEEL
GEV MI MINSCHENSEEL

## Wasserdruckstation auf der Ockenswarft

Sie wurde 1975 auf Hooge erbaut. Die vollautomatische und ferngesteuerte Anlage regelt die Druckverhältnisse in der Halligwasserleitung. Sie ist mit zwei Pumpen und einem Notstromaggregat ausgerüstet, so daß auch in Notfällen ausreichend Wasser zur Verfügung steht. Angeschlossen ist ein Wasserspeicher, der 100 cbm Wasser fassen kann und in den Spitzenzeiten und bei Störungen für die Versorgung der Hallig mit herangezogen werden kann.

## Brücke am Seglerhafen

Seit 1970 gibt es auf der Hallig Hooge einen Seglerverein. Die Segelboote der Mitglieder liegen in dem Nebenarm des Hooger »Hafenbeckens«, das von den Hoogern als Schleuse bezeichnet wird. Für die Halligwanderer bauten 1974 Pioniere der Bundeswehr über den Halligpriel eine 60 m lange Brücke. In dem Hafen können auch auswärtige Segler anlegen.

## Ringelgänse

Der Halligbesucher, der im Frühjahr die Hallig Hooge besucht, wird sie mit Sicherheit zu sehen bekommen. Die Ringelgänse, die wegen ihres Schreis auch »Rott«gänse genannt werden, kommen in den Monaten März, April und Mai in riesigen Scharen auf die Hallig. Sie dürfen nicht geschossen werden, obwohl sich ihre Zahl in den letzten Jahren verzehnfacht hat und obwohl sie für die Halliglandwirtschaft zu einer regelrechten Plage geworden sind. Auf ihrer Reise zu ihren Brutgebieten in Sibirien machen die Gänse auf der Hallig Station, um sich die nötige Marschverpflegung zuzulegen. Sie fressen oft die Halligfennen ratzekahl, so daß für die Rinder nicht genug Futter übrigbleibt. Ihr Kot zersetzt zudem noch die Grasnarbe der Hallig. Die Halligbauern erhalten neuerdings von der Landesregierung eine Entschädigung für die auftretenden Schäden, doch beträgt diese für die Bauern, die Pensionsvieh halten, nur ein Siebtel des sonst gewährten Satzes.

## Die Umgebung von Hallig Hooge

Die Hallig Hooge ist ein denkbar günstiger Ausgangspunkt für Ausflüge zum Kennenlernen von Nordfriesland. Ein Blick auf die Karte zeigt, daß Hooge gewissermaßen im Zentrum des Naturschutzgebietes »Nordfriesisches Wattenmeer« liegt, das vom Hindenburgdamm im Norden, der Sylt mit dem Festland verbindet, bis zur Halbinsel Eiderstedt im Süden reicht. Eine Fülle von Ausflugszielen bietet sich an. Da sind zunächst die Wattwanderungen zum Japsand, zu den Seehundsbänken und zur Vogelinsel Norderoog. Ferner können die Nachbarhalligen Langeneß, Gröde, Oland und Süderoog mit dem Schiff besucht werden. Die Hooger Schiffer unternehmen in den Sommermonaten wöchentlich Fahrten zu diesen Zielen. Sie fahren ferner zur Marschinsel Pellworm, zur Düneninsel Amrum und zur Insel Föhr. Sie leisten auch Zubringerdienste für die Fahrten nach der Felseninsel Helgoland, die im Sommer von Amrum aus mit größeren Seeschiffen erfolgen. Zuweilen fahren sie auch nach Hörnum, der Südspitze von Sylt, so daß der Halliggast auch Gelegenheit hat, diese Sandinsel kennenzulernen.

Im folgenden soll kurz Wissenswertes über die genannten Ausflugsorte mitgeteilt werden.

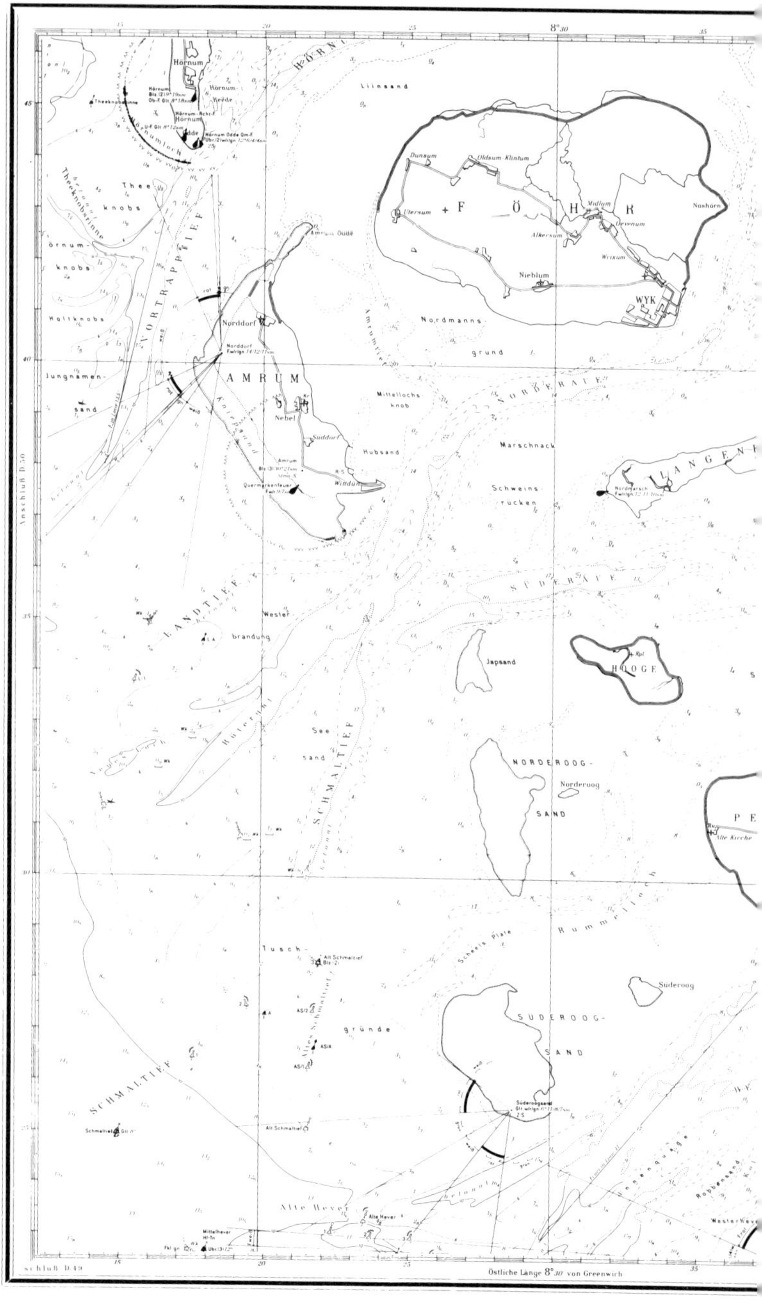
Hörnum
Liinsand
FÖHR
Dunsum
Oldsum
Klintum
Utersum
Midlum
Oevenum
Alkersum
Wrixum
Nieblum
WYK
Noshörn
Amrum Odde
Norddorf
AMRUM
Nebel
Süddorf
Wittdün
Nordmanns-
grund
Mittellochs
knob
Hubsand
Marschnack
Schweins-
rücken
LANGENESS
NORDERAUE
SÜDERAUE
VORTRAPPTIEF
Jungnamen-
sand
Holtknobs
Theeknobs
LANDTIEF
Wester-
brandung
Japsand
HOOGE
See-
sand
SCHMALTIEF
NORDEROOG-
SAND
Norderoog
Rummelloch
Tusch-
gründe
Süderoog
SÜDEROOG-
SAND
Alte Hever
Mittelhever
Westerhever
Robbensand
Östliche Länge 8°30 von Greenwich

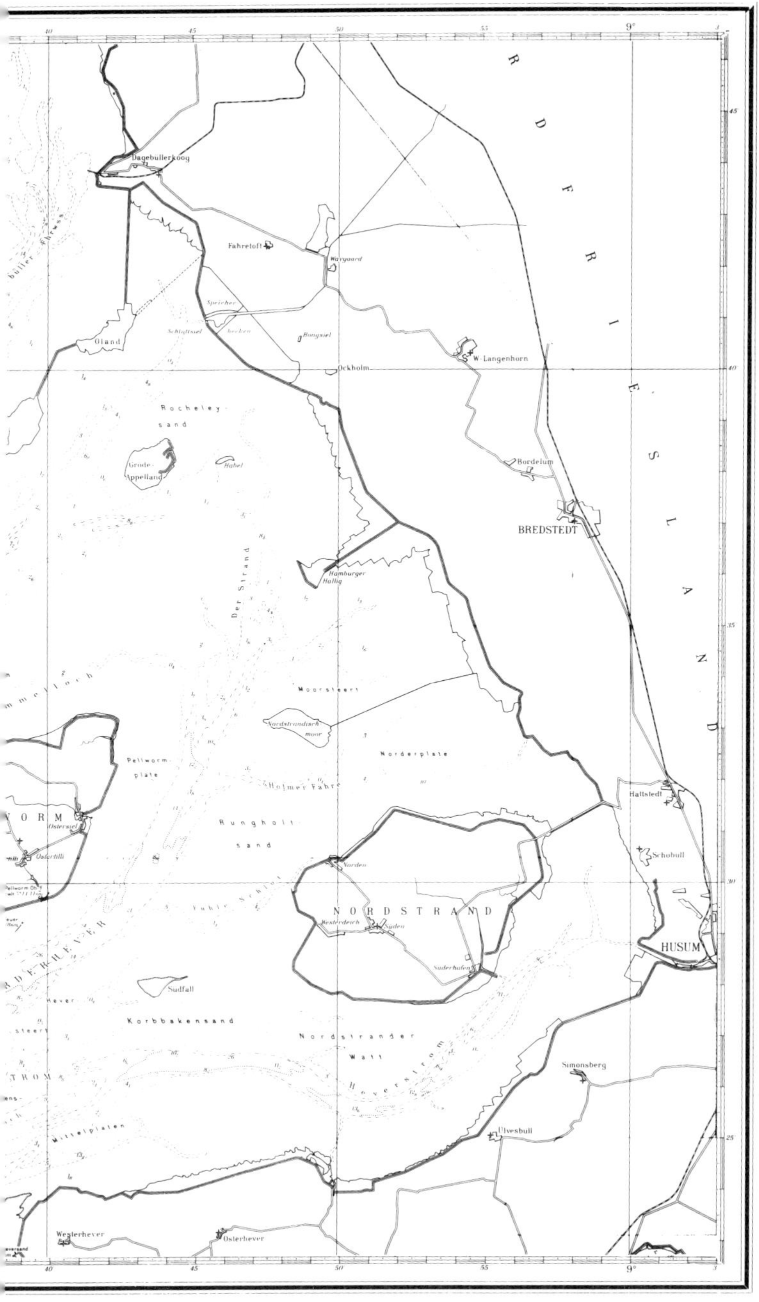
Dagebüllerkoog
Fahretoft
Waygaard
Speicher
Schlüttsiel
becken
Hongsiel
Oland
Ockholm
W.-Langenhorn
Bordelum
BREDSTEDT
N O R D F R I E S L A N D
Rocheley-
sand
Grode-
Appelland
Habel
Der Strand
Hamburger
Hallig
Moorsteert
Nordstrandisch-
moor
Norderplate
Pellworm-
plate
Holmer Fähre
Runghold-
sand
Hattstedt
Schobüll
Osterseil
Ostertilli
Norden
N O R D S T R A N D
Westerdeich
Süden
Süderhafen
HUSUM
Südfall
Korbbakensand
Nordstrander
Watt
Heverstrom
Simonsberg
Mittelplaten
Ulvesbüll
Westerhever
Osterhever
Hever
9°

## Japsand

Er liegt im Westen von Hooge und bildet die Nordspitze des Norderoogsandes. Es handelt sich hierbei um eine Sandbank, die ein wenig höher als das Mittlere Tidehochwasser liegt, so daß sie bei Fluten im Sommer trocken bleibt. Es ist deswegen möglich, eine Tide über, d.h. einen ganzen Tag, auf dem Japsand zu verweilen. Dann kann man in der freien See baden und beobachten, wie allmählich die Sandbank zu einer Insel wird. — Interessant ist es, den Japsand nach einer Überflutung als erster zu betreten, wenn das Meer Getreibsel verschiedenster Art auf die Sandbank geworfen hat.

## Norderoog

Norderoog gehört dem Verein »Jordsand«. Es ist Naturschutzgebiet und Seevogelfreistätte. Nur im Sommer wird es von einem Vogelwart bewohnt, der in einer der beiden Pfahlhütten haust. Auf Norderoog befindet sich alljährlich eine große Brandseeschwalbenkolonie. Es ist nur noch 8 ha groß. — Man kann Norderoog von Hooge aus bei Ebbezeit besuchen. Hierzu ist unbedingt eine Führung erforderlich. Die Führung auf Norderoog erfolgt durch den Vogelwart.

## Süderoog

Süderoog kann man von Hooge aus mit dem Schiff und einer sich daran anschließenden Wattwanderung erreichen. Es ist 60 ha groß und seit 1971 im Besitz des Landes Schleswig-Holstein. Süderoog war nach dem 1. Weltkrieg die »Hallig der Jungs«. Hermann Newton Paulsen, der damalige Besitzer von Süderoog, machte die Hallig zur Stätte der Begegnung der Jugend der Welt. Vielen Halligliebhabern gilt Süderoog mit seiner einzigen Warft als die schönste Hallig überhaupt.

## Langeneß

Die Hallig Langeneß besteht eigentlich aus drei Halligen, die nach der Eindeichung ineinander übergegangen sind, nämlich Nordmarsch im Westen, Butwehl im Süden und Langeneß im Osten. Die Hallig ist 917 ha groß und hat 156 Einwohner. Durch die langgestreckte Hallig (20 Kilometer) kann man mit dem »Hallig-Expreß« fahren und sie so sehr genau kennenlernen. Langeneß hat durch einen Damm Verbindung mit der Hallig Oland. Auf der Honkenswarft kann das dortige alte Friesenhaus mit seiner altfriesischen Wohnkultur besichtigt werden. Darstellungen über den Salztorfabbau, dessen Spuren man im Watt bei Langeneß noch auffindet, kann man bei Süderhörn betrachten. Die Kirche von Langeneß wurde 1894 erbaut. Auf der Kirchwarft befindet sich auch die zweiklassige Halligschule von Langeneß. Um sie erbauen zu können, war eine Erweiterung der Warft notwendig. Eine Gaststätte befindet sich auf der Warft Hilligenley, in unmittelbarer Nähe des Anlegers.

## Oland

Die Hallig Oland hat nur eine einzige Warft. Sie ist 117 ha groß und hat 35 Einwohner. Durch einen Damm ist Oland mit dem Festland verbunden, durch einen anderen mit Langeneß. Auf der Warft von Oland befinden sich eine einklassige Schule mit 4 Kindern und die Halligkirche aus dem Jahre 1824. Auf dem Friedhof von Oland liegt der Halligdichter Wilhelm Lobsien begraben, dessen Romane »Der Halligpastor«, »Landunter« und »Gesa Früddens Weg« auf der Hallig Hooge spielen. Die Warft auf der Hallig Oland ist von einem schützenden Ringdeich umgeben.

## Gröde

Die Hallig Gröde ist 278 ha groß und besteht eigentlich aus zwei Halligen: Gröde und Appelland. Gröde hat 9 Einwohner, die auf zwei Warften wohnen. Die Hallig bildet die kleinste Gemeinde Deutschlands. Gröde hat keine gewählte Gemeindevertretung, sondern in der Gemeinde Gröde wird nach den Prinzipien der direkten Demokratie regiert. Die Bürger der Hallig bilden die Gemeindeversammlung, die über alle wichtigen Angelegenheiten berät. Auf Gröde gilt noch die Allmendeverfassung, die auf Hooge 1938 beseitigt wurde. Alljährlich wird das Halligland neu zur Heugewinnung unter die Halligbauern verteilt. — Die Halligbauern wohnen in vier Bauernhöfen auf einer Warft, die mit einem schützenden Ringdeich umgeben ist, während sich auf einer zweiten Warft die Halligkirche aus dem Jahre 1779 mit der kleinsten Schule Deutschlands befindet. Zeitweilig wurde hier nur ein Kind unterrichtet. Die Halligháuser auf Gröde sind alle noch mit Reeth gedeckt.

## Pellworm

Pellworm ist eine Marschinsel. Es ist 37 qkm groß und hat 1189 Einwohner. Der Seedeich, der die Insel umgibt, ist rund 30 km lang. Er ist ca. 8 Meter hoch und wirkt deswegen so gewaltig in seiner Höhe, weil das Inselland durchschnittlich einen halben Meter tiefer als das normale tägliche Hochwasser liegt. — Sehenswert ist die Alte Pellwormer Kirche aus dem 11. Jahrhundert mit einer barocken Arp-Schnittger-Orgel. Die Turmruine dieser Kirche dient seit je den Fischern als orientierendes Wahrzeichen. Pellworm ist eine Marschinsel, und das besagt, daß die Pellwormer in erster Linie von der Landwirtschaft leben. Bis zum Jahre 1634 war Pellworm mit der Insel Nordstrand verbunden. Beide Inseln und das zwischen ihnen liegende Watt bildeten damals die Insel Strand. In der gewaltigen Sturmflut wurde »der Strand« 1634 zerrissen. Pellworm, Nordstrand und die Hallig Nordstrandischmoor sind die Reste.

## Amrum

Die Insel ist etwa 20 qkm groß. Die Dörfer Wittdün, Steenodde, Süddorf, Nebel und Norddorf liegen alle an der Ostseite der Insel, deren Westteil das lange Sandriff des Kniepsandes bildet. Das Wahrzeichen der Insel ist der Leuchtturm, den man besteigen kann. Er steht auf einer hohen Düne, und von seiner Höhe hat man deswegen einen schönen Blick auf die ganze Insel, auf die Dünenlandschaft, auf die urtümliche Heidelandschaft mit ihren Kiefernwäldern und auf die Wiesen und Äcker an der Ostseite. Auf Amrum wird noch sehr viel Friesisch gesprochen, und einen typisch friesischen Charakter weist das Dorf Nebel mit seiner alten Kirche und den Grabsteinen alter Seefahrer auf seinem Friedhof auf. — In der Windmühle bei Nebel lädt ein Heimatmuseum zum Besuch ein.

## Föhr

Föhr ist rund 82 qkm groß. Der Hauptort der Insel ist Wyk. Föhr hat im Norden Marschland, das von einem Deich geschützt ist, und im Süden Geestland, das höher gelegen ist und deswegen keines Deiches bedarf. Das Inselbad Wyk wurde schon 1842 gegründet. — In Wyk sollte man das Museum besuchen, das viele friesische Kulturschätze aufbewahrt. Von Wyk aus kann man eine Inselrundfahrt unternehmen, die einen guten Überblick über die Insel vermittelt und die in das schöne Inseldorf Nieblum führt.

## Sylt

Die Insel Sylt ist eine Welt für sich, und man kann sie bei einem kurzen Ausflug nicht kennenlernen. Sylt unterscheidet sich wesentlich von der Halligwelt und der übrigen Inselwelt Nordfrieslands. Die großartige Dünenkette mit der davorliegenden Brandung, die sich von Hörnum im Süden bis List im Norden dahinzieht, wird bei Kampen vom Roten Kliff, einer hohen Steilküste, unterbrochen. In der Mitte der Insel liegt Westerland mit den Vor- und den Nachteilen eines Weltbades. Weitere schöne Bade- und Kurorte sind Keitum, Archsum, Morsum und Kampen, Dörfer, die sich trotz allem Rummel ihr eigenes unverwechselbares Gesicht bewahrt haben.

## Helgoland

Die Felseninsel Helgoland gehört mit zum friesischen Siedlungsraum. Rein geographisch oder politisch gesehen, liegt Helgoland aber außerhalb Nordfrieslands. Eine Fahrt nach Helgoland ist immer lohnend. Es ist ein großartiges Erlebnis, wenn man die Insel nach einer mehrstündigen Fahrt mit ihren 63 Meter hohen Felswänden aus der Leere des Meeres auftauchen sieht. — Helgoland besteht aus drei Teilen: dem Oberland und dem Unterland, die beide durch eine lange steile Treppe miteinander verbunden sind, und der Düne, die von der Insel getrennt ist. — Nach dem Krieg wurde Helgoland völlig zerstört, doch mißlang es den Engländern, die Insel mit ihren U-Boot-Bunkern ganz in die Luft zu sprengen. 1952 wurde Helgoland an Deutschland wieder zurückgegeben. Nach einem vorliegenden einheitlichen Plan wurde die Insel neu aufgebaut.

# Halligwörter

*Ack:* Aufgangsweg zu einer Warft.
*Alkoven:* Wandbett, früher allgemein üblich, im Königspesel zu sehen.
*Bilegger:* Gußeiserner Stubenofen, der von der Küche aus beheizt wurde; im Königspesel und im Blauen Pesel auf der Backenswarft zu sehen.
*Bondestave:* Auch Halligflieder oder Widerstoß genannt. Die Bondestave ist eine Salzwasserpflanze. Sie gehört zur Familie der Grasnelkengewächse. Sie blüht lila im August/September. Früher war sie überall auf der Hallig Hooge anzutreffen, jetzt ist sie nur noch an den Stellen zu finden, die intensiv mit dem Salzwasser in Berührung kommen, also an den Prielen, Gräben und Deichen.
*Buhne:* Ein Steinwall, der quer zum Deich liegt und diesen entlastet, indem er Meeresströmungen von der Halligkante fernhält.
*Deich:* Erdwall zur Sicherung gegen höhere Wasserstände. Die Hallig Hooge hat nur einen Sommerdeich. Dieser schützt gegen höher auflaufende Fluten im Sommer. Die Wasserstände zur Herbst- und Frühlingszeit überschreiten gewöhnlich die Höhe des Sommerdeiches: Das Nordseewasser läuft in die Hallig hinein, und diese erlebt ein Landunter.
*Delfter Kacheln:* Das richtige Wort für diesen Schmuck der alten Halligäuser ist Fliesen. Die Hooger Seefahrer des 17. und 18. Jahrhunderts brachten sie aus Holland mit, um ihren Geschmack und ihren Besitzstand zu dokumentieren. Die Fliesen schmückten in den Halligäusern insbesondere den Pesel, die gute Stube des Halligausses, aber auch den Flur und andere Zimmer. Auf Hooge befinden sich zahlreiche besonders schöne und kostbare Schiffsfliesenbilder,

---

Ebbe im Hallighafen, den die Hooger »Schleuse« nennen. Hooger Kapitäne unternehmen mit ihren Ausflugsschiffen Fahrten in die Umgebung von Hallig Hooge: nach Pellworm, Oland, Langeneß, Gröde, nach Süderoog, Sylt, Amrum und Föhr. Hooge ist ein überaus günstiger Ausgangspunkt zum Kennenlernen der nordfriesischen Insel- und Halligwelt. —
Eine Wanderung übers Watt zur Vogelhallig Norderoog gehört unbedingt zum Programm jedes Halligurlaubers.

Schwalbe

die sich mosaikartig aus mindestens zwölf einzelnen Fliesen zusammensetzen.

*Ditten:* Heizmaterial aus getrocknetem Kuhmist.

*Eiwall:* Halligkante nordöstlich der Backenswarft der Hallig Hooge.

*Fenne:* Grasland, das zum Weiden des Viehs genutzt wird.

*Fliet:* Der Halligpriel, der sich von der Kirchwarft zur Schulwarft und dann zur Hanswarft quer durch die Hallig Hooge zieht.

*Fething:* Ein Teich inmitten der Warft, der das auf die Warftoberfläche treffende Regenwasser sammelt. Sein Wasser dient zum Tränken des Viehs.

*Fulei:* Ein Priel westlich von der Westerwarft der Hallig Hooge.

*Grüpp:* Die Rinne hinter dem aufgestallten Vieh zum Auffangen des Mistes.

*Grüppel:* Fußbreite Gräben in den Fennen, die das Wasser besser ablaufen lassen.

*Hallig:* Flaches Land im Meer, das von Sturmfluten überspült wird.

*Hill:* Kleiner Stall.

*Hock:* Eingefriedigter Raum zum Aufbewahren von Vieh.

*Kieker:* Fernglas.

*Klamp:* Der kunstvoll aufgebaute Heustapel auf den Warften, der als Wintervorrat für das Vieh dient.

*Klei:* Tonige Meeresablagerungen mit wechselndem Sandgehalt ohne oder mit sehr geringer Beimengung von Muttererde.

*Koog:* Land, das durch Eindeichung der Nordsee abgerungen wurde.

*Landsende:* Im Osten der Ockenswarft das Ende der Hallig Hooge.

*Landunter:* Überschwemmung der Hallig durch Nordseewasser: die Hallig »läuft blank«.

*Lahnung:* Siehe Buhne!

*Marsch:* Das dem Meer abgerungene fruchtbare Land an der Westküste Schleswig-Holsteins. Das Marschland liegt hinter hohen Deichen.

*Meedeland:* Das Grasland, das zur Heugewinnung dient. Nach dem Mähen wird es auch als Weide benutzt.

*Miesmuscheln:* Sie wachsen im Watt rund um die Hallig und werden in den »Monaten ohne r« gern eingesammelt und, gekocht in Weißwein oder sauer eingelegt, gegessen.

*MTHW:* Mittleres Tidehochwasser, d. h. das durchschnittlich auflaufende Hochwasser. Seine Höhe wird im allgemeinen bei westlichen Winden etwas überschritten, bei östlichen Winden dagegen tritt es etwas niedriger ein.

*Nost:* Viehtränke auf den Fennen.

*Null:* Eine Stelle am Deich der Hallig Hooge südwestlich der Volkertswarft.

*Pesel:* Die gute Stube des alten Hallighauses.

*Pharisäer:* Kaffeegetränk mit einem Schuß Rum, bedeckt von Schlagsahne.

*Porren:* Krabben oder richtiger: Garnelen.

*Porrenglieb:* Auch Porrenpuuk genannt, ein Gerät zum Fangen von Porren in den Prielen um die Hallig. Die Porrenpuuk wird über den Boden des Priels geschoben. Die Porren fangen sich in dem angebrachten Netz.

*Priel:* Schmaler Wasserlauf im Watt, der zur Zeit der Ebbe nicht leerläuft.

*Pütten:* Vertiefungen im Halligland.

*Queller:* Gänsefußgewächs, das einen hohen Salzgehalt des Wassers verträgt. Der Queller siedelt sich im Watt an und dient mit seinen verzweigten Wurzeln der Landgewinnung. Man findet ihn im Watt um die Hallig Hooge, insbesondere im Osten.

*Rummelloch:* Ein Tief zwischen Hooge und Pellworm.

*Ruuken:* Heudiemen.

*Sandshörn:* Watt im Osten der Backenswarft der Hallig Hooge.

*Schleuse:* So wird im allgemeinen der kleine »Hallighafen« nördlich der Hooger Kirche genannt.

*Schlick:* Der feine Meeresschlamm, der sich bei ruhiger See absetzt.

*Schorkscheswarftslei:* Ein Priel zwischen Hooge und Norderoog, an dessen Ufer früher wohl eine Kirche gelegen hat. In der Nähe dieses Prieles findet man im Watt Reste eines Friedhofes.

*Scheedling:* Warftplatz im Osten der Hanswarft und der Backenswarft auf der Hallig Hooge.

*Siel:* Entwässerungstor durch den Halligdeich, dessen Tore sich bei Flut durch das andrängende Wasser schließen, bei Ebbe aber infolge des nachlassenden Wasserdrucks sich wieder öffnen.

*Sode:* Ausgestochenes Rasenstück. Die neu aufgeschütteten Warftböschungen und die neu gebauten Deiche müssen mit Soden versehen werden. Im Laufe der Zeit verwachsen sie fest miteinander und bilden eine geschlossene Rasendecke.

*Sood:* Zisterne zum Auffangen des Regenwassers im Süden des Hallighauses.
*Ständer:* Ins Mauerwerk eingelassene Eichenpfähle, die das Dach des Hallighauses trugen.
*Stock:* Schmaler Steg über die Halligpriele zu der Zeit, als es noch keine Straßen auf der Hallig gab.
*Teepunsch:* Alkoholisches Getränk, bestehend aus schwach gesüßtem Tee und Kümmelschnaps. Der Teepunsch wird aus kleinen Tassen getrunken.
*Tide:* Gezeiten, die Einheit von Ebbe und Flut.
*Tief:* Tiefe Meeresströme, die zur Zeit der Ebbe das ablaufende Wasser wegführen, zur Zeit der Flut aber in der entgegengesetzten Richtung strömen und Wasser heranbringen. Sie nehmen das Wasser der Priele auf bzw. füllen diese neu. Die Strömung in ihnen wie auch in den Prielen ist beträchtlich.
*Vorland:* Das grüne Land vor dem Deich, das allmählich aus dem Bereich der Überflutung herauswächst. Es wird unter Umständen eingedeicht und bildet dann einen neuen Koog.
*Warft:* Künstlich aufgeworfener Hügel, auf dem die Halligháuser gebaut sind.
*Watt:* Zur Zeit der Ebbe freilaufendes, sonst aber von der Nordsee bedecktes Land.

# Einige Zahlen über die Hallig Hooge

## Entwicklung der Einwohnerzahlen

| | |
|---|---|
| 1750: | 700 Einwohner |
| 1794: | 480 Einwohner |
| 1825 (vor der Sturmflut): | 329 Einwohner |
| 1825 (nach der Sturmflut): | 251 Einwohner |
| 1828: | 223 Einwohner |
| 1837: | 251 Einwohner |
| 1845: | 258 Einwohner |
| 1855: | 243 Einwohner |
| 1867: | 214 Einwohner |
| 1870: | 225 Einwohner |
| 1885: | 163 Einwohner |
| 1894: | 147 Einwohner |
| 1919: | 156 Einwohner |
| 1939: | 255 Einwohner |
| 1946: | 174 Einwohner |
| 1950: | 188 Einwohner |
| 1954: | 156 Einwohner |
| 1957: | 170 Einwohner |
| 1959: | 167 Einwohner |
| 1961: | 171 Einwohner |
| 1966: | 179 Einwohner |
| 1970: | 191 Einwohner |
| 1978: | 142 Einwohner (+ 37 Einwohner in Zweitwohnungen) |
| 1981: | 129 Einwohner (+ 8 Zweitwohnungen) |
| 1983: | 119 Einwohner (+ 11 Zweitwohnungen) |

## Entwicklung der Größe der Hallig

| | |
|---|---|
| 1642: | 1440 ha |
| 1711: | 1300 ha |
| 1736: | 1174 ha |
| 1747: | 1119 ha |
| 1757: | 1050 ha |
| 1768: | 989 ha |
| 1778: | 929 ha |
| 1790: | 869 ha |
| 1804: | 788 ha |
| 1821: | 726 ha |
| 1873/77: | 677 ha |
| 1878: | 675 ha |
| 1900: | 582 ha |
| 1914: | 591 ha |
| 1981: | 591 ha |

(Landverluste nach außen treten nicht mehr auf, lediglich an den Rändern der Priele im Halliginnern)

## Anzahl der Warften

| | |
|---|---|
| 1593: | 23 bewohnte Warften |
| 1758: | 16 bewohnte Warften |
| 1794: | 14 bewohnte Warften |
| 1804: | 16 bewohnte Warften |
| 1894: | 9 bewohnte Warften u. 2 unbewohnte (Westerwarft und Pohnswarft) |
| 1981: | 9 bewohnte Warften (darunter die Doppelwarft Mittelritt/Lorenzwarft) 1 unbebaute Warft (Pohnswarft) |

## Warften — Familien — Personen:

<table>
<tr><th></th><th>1758 Familien</th><th>1894 Familien</th><th>1894 Personen</th><th>1970 Familien</th><th>1970 Personen</th><th>1981 Familien</th><th>1981 Personen</th><th>1983 Personen</th></tr>
<tr><td>Backenswarft</td><td>20</td><td>6</td><td>17</td><td>11</td><td>41</td><td>12</td><td>27</td><td>25</td></tr>
<tr><td>Boyenswarft</td><td>10</td><td>—</td><td>—</td><td>—</td><td>—</td><td>—</td><td>—</td><td>—</td></tr>
<tr><td>Westerwarft</td><td>14</td><td>—</td><td>—</td><td>3</td><td>7</td><td>3</td><td>4</td><td>3</td></tr>
<tr><td>Pohnswarft</td><td>4</td><td>—</td><td>—</td><td>—</td><td>—</td><td>—</td><td>—</td><td>—</td></tr>
<tr><td>Ipkenswarft</td><td>2</td><td>2</td><td>6</td><td>2</td><td>8</td><td>2</td><td>3</td><td>3</td></tr>
<tr><td>Volkertswarft</td><td>6</td><td>1</td><td>3</td><td>1</td><td>4</td><td>1</td><td>3</td><td>2</td></tr>
<tr><td>Lorenzwarft</td><td>7</td><td>2</td><td>4</td><td>1</td><td>3</td><td rowspan="2">7</td><td rowspan="2">15</td><td rowspan="2">14</td></tr>
<tr><td>Mittelritt</td><td>7</td><td>4</td><td>12</td><td>3</td><td>14</td></tr>
<tr><td>Ockelützwarft</td><td>12</td><td>4</td><td>19</td><td>6</td><td>24</td><td>6</td><td>14</td><td>12</td></tr>
<tr><td>Kirchwarft</td><td>1</td><td>1</td><td>6</td><td>1</td><td>6</td><td>1</td><td>4</td><td>4</td></tr>
<tr><td>Hanswarft</td><td>25</td><td>15</td><td>53</td><td>15</td><td>54</td><td>22</td><td>38</td><td>37</td></tr>
<tr><td>Sievertswarft</td><td>9</td><td>—</td><td>—</td><td>—</td><td>—</td><td>—</td><td>—</td><td>—</td></tr>
<tr><td>Fedder-Hummer-Warft</td><td>8</td><td>—</td><td>—</td><td>—</td><td>—</td><td>—</td><td>—</td><td>—</td></tr>
<tr><td>Fedder-Bandix-Warft</td><td>8</td><td>—</td><td>—</td><td>—</td><td>—</td><td>—</td><td>—</td><td>—</td></tr>
<tr><td>Südwarft</td><td>10</td><td>—</td><td>—</td><td>—</td><td>—</td><td>—</td><td>—</td><td>—</td></tr>
<tr><td>Onckenswarft</td><td>14</td><td>6</td><td>19</td><td>8</td><td>30</td><td>10</td><td>21</td><td>19</td></tr>
<tr><td></td><td>157</td><td>41</td><td>139</td><td>51</td><td>191</td><td>64</td><td>129</td><td>119</td></tr>
</table>

# Fremdenbetten und Übernachtungen auf der Hallig Hooge

| Jahr | Bettenzahl | Übernachtungen |
|---|---|---|
| 1938: | 20—30 | 1 200 |
| 1955: | 30 | 2 000 |
| 1960: | 60 | 3 000 |
| 1963: | 100 | 3 500 |
| 1964: | 130 | 3 500 |
| 1965: | 160 | 7 000 |
| 1966: | 180 | 8 000 |
| 1967: | 225 | 11 300 |
| 1968: | 260 | 11 900 |
| 1969: | 260 | 16 400 |
| 1970: | 305 | 19 750 |
| 1971: | 305 | 23 844 |
| 1978: | 356 | 34 982 |
| | (+ 140 in Jugendlagern) | |
| 1979: | 360 | 56 818 |
| | (+ 170 in Jugendlagern) | |
| 1980: | 360 | 47 891 |
| 1981: | 320 | 48 026 |
| | (+ 180 in Jugendlagern) | |
| 1982: | 320 | 47 405 |
| | (+ 180 in Jugendlagern) | |

Es werden nur die Übernachtungen während der Saison erfaßt. Hinzu kommen viele Übernachtungen in der Vor- und Nachsaison

# Hooger Hallig-ABC für den Badegast

*Angeln:* Hierfür ist ein Fischereischein erforderlich. Auskunft erteilt das Gemeindebüro.
*Arzt/Apotheke:* Der nächste für die Hallig zuständige Arzt befindet sich auf der Insel Amrum. Dort ist auch die nächste Apotheke. Erste-Hilfe-Station in »Uns Hallig Hus« auf der Hanswarft.
*Auskünfte:* Im Gemeindebüro auf der Hanswarft, Tel. (04849) 255.
*Autos:* Gästeautos sind auf der Hallig unerwünscht. Die Gäste werden daher gebeten, ihren Wagen nur zur An- und Abreise zu benutzen. Auf dem Warfthang soll nicht geparkt werden. Die Fähre zur Hallig Hooge, die von Schlüttsiel aus Autos nach vorheriger Anmeldung mitnimmt, verkehrt nach einem Fahrplan, der im Kursbuch der Bundesbahn unter der Nummer 10025 zu finden ist. Voranmeldung bei der Wyker Dampfschiffs-Reederei, Tel. 04681/901.
*Ausflugsfahrten:* Rundfahrten durch die Halligwelt und Besuch aller Nachbarinseln und Nachbarhalligen: MS Seeadler — Kapitän Neuton von Holdt, Tel. 226; MS Schwalbe — Kapitän Fritz Tiemann, Tel. 291.
*Ausstellungen:* In »Uns Hallig Hus« finden in unregelmäßiger Folge Ausstellungen verschiedener Künstler statt. Die Halligmalerin Elsbeth Petersen von der Hallig Hooge stellt ihre Bilder auf der Hanswarft und auf der Ockelützwarft aus.
*Backenswarft:* Gastwirtschaften: »Friesenpesel«, »Blauer Pesel«, »Seeblick«. Fahrradverleih. Drei Häuser mit Schiffsfliesenbildern aus dem 18. Jahrhundert. Jugendheim (Jürgen Diedrichsen). Telefonzelle.
*Baden:* Baden ist an allen Stellen rund um die Hallig auf eigene Gefahr möglich.
*Bank:* Auf der Backenswarft befindet sich eine Zweigstelle der Raiffeisenbank. Postsparer finden auf der Ockenswarft einen Schalter der Bundespost.
*Duschen:* Rund um die Hallig verteilt und in »Uns Hallig Hus«.
*Erste Hilfe:* Uns Hallig Hus.
*Fahrradverleih:* Jürgen Diedrichsen, Backenswarft, Tel. 224.
*Fremdenverkehrsbüro:* In »Uns Hallig Hus« auf der Hanswarft, Tel. 255.
*Gaststätten:* Backenswarft: »Blauer Pesel« (Tel. 231); »Friesenpesel«

(Tel. 250); »Seeblick« (Tel. 287); Hanswarft: »Cafe Seehund« (Tel. 226); »Friesischer Hof« (Tel. 227); »Gaststätte Seewind« (Tel. 213); »Teestube Hanswarft« (Tel. 289).

*Gezeiten:* Die täglichen Hoch- und Niedrigwasserzeiten können dem Veranstaltungskalender der Kurverwaltung entnommen werden.

*Gottesdienst:* Evangelischer Gottesdienst am Sonntag in der Kirche.

*Hallig Hus:* Haus des Gastes mit Lese- bzw. Fernsehraum. Saal für Veranstaltungen. Öffentliches WC, Duschen, Gemeindebüro, Fremdenverkehrsbüro und Fundbüro.

*Hanswarft:* Größte Warft der Hallig. Wohnhaus des Kapitäns Tade Hans Bandix = »Königspesel«. Kaufladen. Gastwirtschaften: »Café Seehund«, »Friesischer Hof«; Gaststätte »Seewind«, »Teestube Hanswarft«. Kiosk mit Souvenirs und Imbißmöglichkeit. Telefonzelle. Gemeinde- und Fremdenverkehrsbüro »Uns Hallig Hus«.

*Helgolandfahrten:* Fahrten nach Helgoland von Amrum aus. Die Hooger Schiffer leisten mit ihren Schiffen Zubringerdienste.

*Hunde:* Sie sind während der Brutzeit der Seevögel — praktisch während der ganzen Saison — an der Leine zu führen.

*Imbiß:* Kiosk auf der Hanswarft.

*Ipkenswarft:* Von zwei Familien bewohnt.

*Jugendlager:* In ihnen können Jugendgruppen und Schulklassen wie in einer Jugendherberge oder in einem Schullandheim für längere Zeit Unterkunft und Verpflegung finden. Volkertswarft: Werner Boyens (Tel. 234); Ockelützwarft: Betty Binge (Tel. 228); Backenswarft: Jürgen Diedrichsen (Tel. 224).

*Kaufmann:* Auf der Hanswarft.

*Kinderstube:* Laut Veranstaltungskalender der Kurverwaltung.

*Kirche:* Sie ist zur Besichtigung und zur stillen Andacht tagsüber geöffnet.

*Königspesel:* Auf der Hanswarft. Er kann gegen Entgelt besichtigt werden.

*Krabbenkutter:* Gelegenheit zum Mitfahren auf Fisch- bzw. Krabbenfang bei den Fischern auf der Ockenswarft.

*Krabben- und Fischverkauf:* Bei den Halligfischern.

*Kurtaxe:* Sie wird verwandt für die Pflege der Einrichtungen. Erhoben wird sie in der Zeit vom 1. Mai bis 15. September.

*Kurverwaltung:* In »Uns Hallig Hus«.

*Leihbücherei:* In der Schule.

*Lese- und Fernsehraum:* In »Uns Hallig Hus«.
*Mitteltritt/Lorenzwarft:* Ursprünglich zwei Warften. Im Rahmen der Warfterhöhung und -abflachung 1966 zu einer Warft vereinigt. Zwei Häuser mit Schiffsfliesenbildern aus dem 18. Jahrhundert.
*Naturschutzzentrum:* Auf der Hanswarft, von der Schutzstation Wattenmeer unterhalten. Besichtigung möglich.
*Ockelützwarft:* Grundschule (13 Schüler) und Hauptschule (7 Schüler). Stand: 1981. Jugendheim (Betty Binge).
*Ockenswarft:* Poststelle. Zwei Fischer mit Krabbenkuttern, die bei Landsende liegen.
*Pohnswarft:* Seit 1825 unbewohnt. Windmesser des Amtes für Land- und Wasserwirtschaft in Husum. 1911/1914 waren hier Baracken für die Deicharbeiter aufgestellt.
*Post:* Zweigstelle der Bundespost auf der Ockenswarft.
*Reiten/Pferdeverleih:* Nach telefonischer Vereinbarung mit Aldo Pezzi, Backenswarft.
*Rundflüge:* Auch Linien- und Charterflüge möglich. Auskunft im Fremdenverkehrsbüro.
*Schule:* Die Grund- und Hauptschule auf der Ockelützwarft kann nicht besichtigt werden.
*Strandkörbe:* Vermietung durch das Fremdenverkehrsbüro.
*Toiletten:* Öffentliche Toiletten befinden sich beim Fähranleger, an den offiziellen Badestellen, am Yachthafen, am Süderdeich, in »Uns Hallig Hus«.
*Unfälle:* Siehe Erste Hilfe!
*Veranstaltungen:* In der Saison finden zahlreiche Veranstaltungen statt. Auskunft hierüber gibt der wöchentliche Veranstaltungsplan des Fremdenverkehrsbüros.
*Volkertswarft:* Jüngste Warft der Hallig. 1785 von Alt-Volkertswarft an die heutige Stelle verlegt. Alt-Volkertswarft wurde 1787 völlig zerstört. Trümmer im Watt südöstlich von Volkertswarft. Hier wurden 1915 Brunnenringe sichtbar. Jugendlager (Werner Boyens).
*Wattwanderungen:* Sie werden im Veranstaltungsplan bekanntgegeben. Allein ins Watt zu gehen, bedeutet Lebensgefahr.
*Westerwarft:* Bis 1866 bewohnt, dann aufgegeben. Unbewohnt bis 1911. 1911/1914 waren hier Baracken für die Deicharbeiter aufgestellt. Dann wieder unbewohnt bis 1937. 1937/1941 Baracken des Reichsarbeitsdienstes, der bei der Flurbereinigung mitarbeitete.

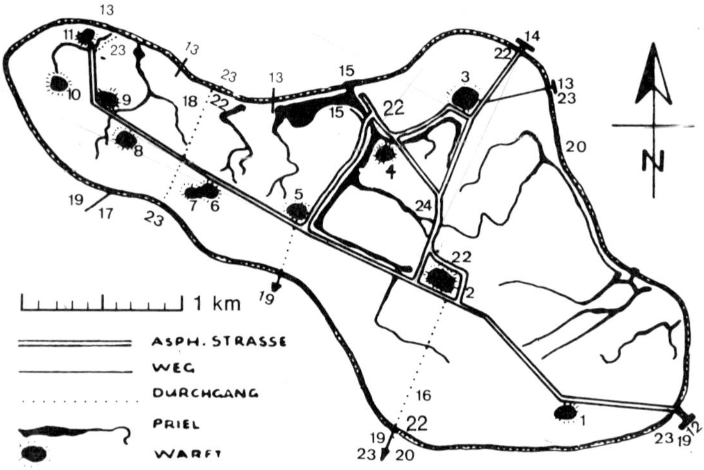


1954 nach Erhöhung wieder bebaut. Deicharbeitersiedlung. Höchste Warft der Hallig, nach der Sturmflut 1962 nicht erhöht. 1969 »Schönste Warft«.
*Wetter:* Wetterbericht speziell für die Nordfriesischen Inseln und Halligen durch das Wetteramt Schleswig durch den Telefondienst der Bundespost (Tel. 01164).
*Zelten:* Wildes Zelten ist nicht erlaubt. Bedingt ist es auf dem Gelände der Jugendlager möglich.
*Zimmervermittlung:* Durch das Fremdenverkehrsbüro (Tel. 255).

1 **Ockenswarft:** Post

2 **Hanswarft:** »Königspesel«, **»Uns Hallig Hus«** Erste-Hilfe-Stat., Naturschutzzentrum Lebensmittelgeschäft, »T-Stube« mit Kunstausstellung, Restaurant »Friesischer Hof«, Café »Seehund« heimatkundliches Museum, Telefonzelle

3 **Backenswarft:** Restaurant »Friesenpesel«, Gaststätte »B'auer Pesel«, Telefonzelle, Raiffeisenbank, Reiten, Kutschfahrten, Fahrradverleih, Jugendheim Hallig Hooge

4 **Kirchwarft:** Kirche mit Renaissance-Kanzel, Waltür

5 **Ockelützwarft:** Jugendheim »Nordsee«, Schule, Halligmalerin

6/7 **Mittelritt und Lorenzwarft**

8 **Volkertswarft:** Jugendheim u. Jugendzeltlager Werner Boyens, Telefonzelle

9 **Ipkenswarft**

10 **Pohnswarft:** Unbebaut

11 **Westerwarft:** Schönste Warft

12 **Landsende:** Liegeplatz der Krabbenkutter

13 **Badestelle:** (Badetreppe)

14 **Neuer Anleger:** Fährverbindung Schlüttsiel — Langeneß — Amrum

15 **Schleuse und Hafen:** Liegeplatz der Barkassen und Segelboote, Fußgängerbrücke über den Priel

16 **Öffentlicher Durchgang** Abgang des Wattweges zur Vogelhallig Norderoog

17 **Abgang des Wattweges zum Japsand**

18 **Durchgang zur Badestelle**

19 **Deichtreppe**

20 **Deichvorland:** Landgewinnung, Salzvegetation

22 **Öffentliche Toilette**

23 **Öffentliche Duschen**

24 **Flugplatz:** Landeplatz der Westküsten-Fluggesellschaft

# Literaturverzeichnis


Bantelmann, Albert, Die Landschaftsentwicklung an der schleswig-holsteinischen Westküste, Neumünster 1967

Becker, Frido, Daheim auf Inseln und Halligen, Flensburg 1976

Brandt, Heinrich, Döntjes ut Nordfreesland, Husum 1977

Hansen, C.P., Chronik der nordfriesischen Uthlande, Garding 1877, Unveränderter Nachdruck, Wiesbaden 1972

Jensen, Christian, Vom Dünenstrand der Nordsee und vom Wattenmeer, Schleswig 1900, Unveränderter Nachdruck, Kiel 1981

Koehn, Henry, Die Nordfriesischen Inseln, Hamburg 1961

Ligges/Wohlenberg, Die Nordfriesischen Inseln, Köln 1970

Möller, Theodor, Die Welt der Halligen, Kiel 1924

Müller, Friedrich, Das Wasserwesen an der schleswig-holsteinischen Westküste, 1. Teil: Die Halligen, Band 1 und Band 2, Berlin 1917

Petersen, Marcus, Die Halligen, Neumünster 1981

Quedens, Georg, Die Halligen, Breklum 1975

Quedens, Georg, Die Halligen, Pellworm und Nordstrand erzählen, Itzehoe, 1969

Riecken, Guntram, Die Halligen im Wandel, Husum 1982

Schiller, H.Th., Kleines Halligbuch, Breklum 1959

Schmidt-Petersen, J., Die Orts- und Flurnamen Nordfrieslands, Husum 1925